玄奘大師

高僧傳

大乘之天

編撰——蔡耀明
王美瑤

【編撰者簡介】

蔡耀明

美國柏克萊加州大學佛學研究所博士（一九九七年十二月），臺灣大學哲學系教授退休（二〇二二年七月），現職臺灣大學哲學系兼任教授。其專長領域為佛教哲學、禪修教學、生命哲學。已出版七本專書，分別為《般若波羅蜜多教學與嚴淨佛土》（二〇〇一）、《佛學建構的出路》（二〇〇六）、《佛教的研究方法與學術資訊》（二〇〇六）、《佛教視角的生命哲學與世界觀》（二〇一二）、《世界文明原典選讀V：佛教文明經典》（二〇一七）、《業報緣起與成就無上智慧》（二〇一九）、《梵文本大孔雀明王經翻譯與解析》（二〇二一），包括上百篇的中文與英文之期刊論文與專書論文。研究上，首重內在建構之道；寫作與譯注，堅持深思細想，不假手他人。二〇二三年二月，剃度出家，法號釋心傳。

王美瑤

臺灣大學哲學所博士，主要研究佛教哲學。過往學歷為臺灣大學哲學所碩士、臺灣大學森林所碩士、臺灣大學森林所學士。熱愛探索生命、宇宙之實相與心意識、煩惱、障礙之奧秘。因不欲停留於文字概念之研究，現正就讀南華大學生死所，準備考取諮商心理師。

【「高僧傳」系列編輯序】

令眾生生歡喜者，則令一切如來歡喜

「為佛教，為眾生」六個字，乃是印順法師於臺北市龍江街慧日講堂（後因大門遷移，地址遷至朱崙街）為證嚴法師授予三皈依、並賜法名時的殷殷叮囑：「既然出家了，你要時時刻刻為佛教、為眾生。」

依證嚴法師解釋：「為佛教」是內修清淨行，「為眾生」則要挑起如來家業，走入人群救度眾生。因此法師稟承師訓，一心一志「為佛教還原教義，為眾生點亮心燈」，而開展慈濟眾生的志業。

歷代高僧之「為佛教、為眾生」

證嚴法師開創「靜思法脈，慈濟宗門」，並將其與「為佛教，為眾生」合釋：「靜思法脈」乃「為佛教」，是智慧；「慈濟宗門」即「為眾生」，是大愛。

進而言之，「靜思法脈，慈濟宗門」即菩薩道所強調的「悲智雙運」：「靜思法脈」是「智」，「慈濟宗門」是「悲」；傳承法脈、弘揚宗門就要「悲智雙運」，積極在人間發揮慈、悲、喜、捨四無量心。此亦即慈濟人開展四大志業、八大法印時的根本心要。

由其強調「悲智雙運」可知，「靜思法脈，慈濟宗門」並非標新立異，而是傳承佛陀教法以及漢傳佛教歷代高僧的教誨——包括身教與言教，並要求身心皆徹底踐履。為了讓世人明瞭慈濟宗門之初心與悲願，也讓這些歷代高僧的事蹟與精神更廣為人知，大愛電視臺秉持證嚴法師的信念，於二〇〇三年起陸續製作《鑑真大和尚》與《印順導師傳》動畫電影，將佛教史上高僧大德的動人故事，經由動畫電影的形式，傳遞到全世界。

因為電影的成功，大愛電視臺進一步籌畫更詳盡的電視版〈高僧傳〉——採取臺灣民眾雅俗共賞的歌仔戲形式。〈高僧傳〉的每一部劇本都是經過數個月的資料研讀與整理，縝密思考後才下筆，句句考證、字字斟酌。製作團隊感受到每一位大師皆以身作則、行菩薩道的特質，希望將每位高僧的大願與大行傳遍世界。

然而，不論是動畫或戲劇，恐難完整呈現《高僧傳》中所載之生命歷程，以及諸位高僧與祖師之思想以及對後世之貢獻。因此，慈濟人文志業中心便就〈高僧傳〉歌仔戲所演繹過的高僧，以《高僧傳》及《續高僧傳》之原著為基礎，含括了日、韓等國之佛教史上的知名高僧，編撰「高僧傳」系列叢書。我們不採取坊間已有之小說體形式，而是嚴謹地參照人物評傳的現代寫法，參酌相關之史著及評論，對其事蹟有所探討與省思，並將其社會背景、思想及影響皆納入，雜揉編撰，內容包括高僧的生平、傳承及主要思想或重要經典簡介。從中，我們不僅可以讀到歷代高僧的智慧與悲心，亦可一覽相關的佛教史地、典籍與思想。

在編輯過程中，我們可以看到歷代高僧之「為佛教，為眾生」：鳩摩羅什飽受戰亂、顛沛流離，仍戮力譯經，得令後人傳誦不絕，乃是為利益眾生；玄奘歷萬里之險取得梵本佛經、致力翻譯，其苦心孤詣，是為利益眾生；鑑真六次渡海欲至東瀛傳戒，眼盲亦不悔，是為利益眾生；六祖惠能隱居十五載以避害身之禍，只為弘揚如來心法，並言「佛法在世間，不離世間覺；離世求菩提，猶如覓兔角」，亦是為利益眾生……

這些高僧祖師大可獨善其身、如法修行以得解脫，為何要為法忘身、受諸逆境而不退？究其根本，他們不只是為了參究佛法，而是深知弘揚大乘佛法的目的乃在於大慈大悲地度化眾生、讓眾生能得安樂；若不能讓眾生同霑法益，求法何用？如《大智度論．卷二七》所云：

一切諸佛法中，慈悲為大；若無大慈大悲，便早入涅槃。由此可知，就大乘精神而言，「為佛教」即應「為眾生」，實為一體之兩面。

「大悲」為「諸佛之祖母」

除了歷代高僧之示現，「為眾生」之菩薩道的實踐，於經教中更是多不勝數、歷歷可證。例如，《無量義經．德行品第一》便說明了菩薩作為眾生之大導師、大船師、大醫王之無量大悲：

無量大悲救苦眾生，是諸眾生真善知識，是諸眾生大良福田，是諸眾生不請之師，是諸眾生安隱樂處、救處、護處、大依止處。處處為眾作大導師，能為生盲而作眼目，聾劓啞者作耳鼻舌；諸根毀缺能令具足，顛狂荒亂作大正念。船師、大船師運載群生渡生死河，置涅槃岸；醫王、大醫王，分別病相曉了藥性，隨病授藥令眾樂服；調御、大調御，無諸放逸行，猶如象馬師，能調無不調；師子勇猛，威伏眾獸，難可沮壞。

如來於《法華經．觀世音菩薩普門品》中宣說，觀世音菩薩更以三十三種應化身度化眾生：

佛告無盡意菩薩：善男子，若有國土眾生，應以佛身得度者，觀世音菩薩即現佛身而為說法；應以辟支佛身得度者，即現辟支佛身而為說法；應以聲聞身得度者，即現聲聞身而為說法；應以梵王身得度者，即現梵王身而為說法；應以帝釋身得度者，即現帝釋身而為說法……應以天龍、夜叉、乾闥婆、阿修羅、迦樓羅、緊那羅、摩侯羅伽、人非人等身得度者，即皆現之而為說法；應以執金剛神得度者，即現執金剛神而為說法。無盡意，是觀世音菩薩成就如是功德，以種種形遊諸國土，度脫眾生，是故汝等應當一心供養觀世音菩薩。是觀世音菩薩摩訶薩，於怖畏急難之中能施無畏，是故此娑婆世界皆號之為施無畏者。

為何觀世音菩薩要聞聲救苦？因為菩薩總是「人傷我痛、人苦我悲」，恆以「利他」為念。如《大丈夫論》所云：

菩薩見他苦時，即是菩薩極苦；見他樂時，即是菩薩大樂。以是故，菩薩恆為利他。

正是因為這般順隨眾生、「以種種形」而令其無畏的無量悲心，讓觀世音菩薩受到漢傳佛教乃至於華人民間信仰的共同崇敬。慈濟人之所以超越貧富、超越國界、超越宗教地去關懷與膚慰需要幫助的生命，便是效法觀世音菩薩無量悲心、無量應化的精神。

在《法華經．普賢菩薩勸發品》中發願、將於佛滅後守護及教導受持《法華經》之眾生的普賢菩薩，於《華嚴經．普賢行願品》中則教導善財童子如何供養諸佛，亦揭示了如來、菩薩、眾生的關係：

於諸病苦，為作良醫；於失道者，示其正路；於闇夜中，為作光明；於貧窮者，令得伏藏。菩薩如是平等饒益一切眾生。何以故？菩薩若能隨順眾生，則為隨順供養諸佛；若於眾生，尊重承事，則為尊重承事如來；若令眾生生歡喜者，則令一切如來歡喜。何以故？諸佛如來，以大悲心而為體故。因於眾生，而起大悲；因於大悲，生菩提心；因菩提心，成等正覺。……若諸菩薩，以大悲水饒益眾生，則能成就阿耨多羅三藐三菩提故。是故菩提，屬於眾生；若無眾生，一切菩薩終不能成無上正覺。善男子，汝於此義，應如是解。以於眾生心平等故，則能成就圓滿大悲；以大悲心隨眾生故，則能成就供養如來。

《大智度論．卷二〇》亦云，佛陀強調，大悲心乃是諸佛菩薩之根本，具大悲心方能得般若智慧，亦方能成佛：

大悲，是一切諸佛、菩薩功德之根本，是般若波羅蜜之母，諸佛之祖母。菩薩以大悲心，故得般若波羅蜜；得般若波羅蜜，故得作佛。

「菩薩若能隨順眾生，則為隨順供養諸佛；若於眾生，尊重承事，則為尊重承事如來；若令眾生生歡喜者，則令一切如來歡喜。」閱及此段，不禁令人深深體會證嚴法師之智慧與悲心：慈濟宗門四大、八印之聞聲救苦、無量應化地「為眾生」，也是同時「為佛教」地供養諸佛、令一切如來歡喜啊！

歷代高僧雖未如慈濟宗門般推動慈善、醫療、乃至於環保、國際賑災等志業，乃因其時空因素，欲度化眾生先以弘揚大乘經教與法義為重；現今經教已備，所須的乃是效法菩薩道之力行實踐！慈濟宗門便是上承歷代高僧與經論之教法，推動四大、八印，行菩薩道饒益眾生，以此供養如來。

換言之，歷代高僧之風範、智慧及悲願，為佛教，也為眾生，此即諸佛菩薩之本懷，亦為慈濟宗門之本懷！這便是《高僧傳》系列叢書所欲彰顯者。

遙企歷代高僧儼然身影，我們可以肯定：為眾生，便是為佛教；為佛教，一定要為眾生！

【編撰者序】

樹立標竿典範

——釋心傳（臺灣大學哲學系退休教授）

玄奘法師的一生，大致可以用尋求佛法、實踐佛法、傳承佛法、與體現佛法，來做總括的標示。身為佛法的出家人，玄奘法師體認，佛法值得以出家的方式全心全力投入，而且值得將一己之實踐成果，奉獻給廣袤土地與跨時代的民眾。即此，既完成了玄奘法師一生的志業，且拓展了中土與印度的佛法通路，續佛慧命。

經由閱讀與認識玄奘法師一生的行儀與風範，驚訝於一個人竟然能在短暫的一生，如此堅定地尋求、實踐、與奉獻佛法。這當中，尤其《大般若經》

六百卷經由玄奘法師詳實的翻譯，讓佛教菩提道的根基暨核心骨幹——也就是般若波羅蜜多——的教學，得以完整地呈現在漢譯本中。

玄奘法師的西行求法、佛典翻譯、講說論辯、與踐履篤行的點點滴滴，都在樹立標竿式的典範。時值當代，不論以在家或出家的方式，我們若想要認識佛法或正在學習佛法，一本有關玄奘法師的合格的傳記，應該都能或多或少起著引發靈感、激勵人心、乃至形成典範的作用。

【編撰者序】

難以言喻的感動之旅

——王美瑤（臺灣大學哲學博士）

感謝慈濟人文傳播志業基金會的邀約，讓我有機會參與玄奘法師傳記的撰寫。當初接下這個邀請時，甚感誠惶誠恐。玄奘大師的事蹟、經歷是如此地精彩，生命內涵是如此地厚實，深恐自己無法好好地呈現大師的故事，感覺任重而道遠。

隨著資料的收集與研讀，彷佛自己也跟隨著玄奘大師的腳步翻山越嶺，跟著大師的生命歷程一起成長，這個過程的感動難以言喻。

歷史年代、地理路線與經文的考證固然重要，但有感於文字所能傳遞的不足，為求能稍微更加貼近玄奘法師的心路歷程，遂於二〇二四年六月，親自跑了一趟河西走廊與絲路的前端。一個人背著大背包自助旅行，從蘭州、涼州（武威）、甘州（張掖）、肅州（酒泉）、沙州（敦煌）到當時西域的伊吾（哈密）、高昌國（吐魯番）、龜茲（庫車、烏魯木齊），一一拜訪遊歷，親身感受涼州的邊關淒情、玉門關的蒼涼、戈壁沙漠的孤絕與吐魯番的烘烤。

高大的涼州城門，佇立在邊關把守；玄奘法師滯留於涼州，幾度為了出關而苦惱，是否也曾駐足於此城門前望之興嘆。於涼州城內的鳩摩羅什寺繞塔而行，千年前的玄奘法師想來也曾如此繞塔禮敬鳩摩羅什大師；這樣的時空交會，讓人百感交集。在敦煌的鳴沙山月牙泉旁，聽著駝鈴聲在遼闊的沙漠裡迴盪，唯一傳遞生命的聲響，讓人感到安心。面對如此乾燥絕情燙腳的無盡戈壁，真難想像玄奘法師如何走過這麼多的日日夜夜。走在高昌古城的斷垣殘壁之中，想著曾經的熙熙攘攘與繁榮昌盛；玄奘大師為求繼續西行而絕食三日，如今滄海桑田，只剩下殘破的土牆在熱風中豔陽下見證。

吐魯番的氣溫直逼四十五、五十度，且空氣極為乾燥，在陽光下讓人感覺眼冒金星，彷彿生命都要被蒸發掉一樣。而極目所見，沒有任何一棵樹木或者可以遮蔭之處，地面一片光禿空曠，而頭上則是無盡滾燙的驕陽。我甚至沒有勇氣將高昌古城全部走完，只走了莫約三分之一便回頭，深怕自己會暈倒在地。設身處地，才更能體會玄奘法師的勇氣與決心有多麼驚人。

遊歷的親身體驗固然重要，但我更加同意遊歷之更為深刻者，在於內觀之游。《列子》中有一段關於「游」的境界，極為深刻——

初子列子好游。壺丘子曰：「禦寇好游，游何所好？」列子曰：「游之樂，所玩无(無)故。人之游也，觀其所見；我之游也，觀其所變。游乎游乎！未有能辨其游者。」

壺丘子曰：「禦寇之游固與人同歟，而曰固與人異歟？凡所見，亦恆見其變。玩彼物之无故，不知我亦无故。務外游，不知務內觀。外游者，求備於物；內觀者，取足於身。取足於身，游之至也；求備於物，游之不至也。」

於是列子終身不出，自以為不知游。

壺丘子曰：「游其至乎！至游者不知所適；至觀者不知所眡（通「視」），物物皆游矣，物物皆觀矣，是我之所謂游，是我之所謂觀也。故曰：游其至矣乎！游其至矣乎！」

列子起初很喜歡到處遊歷，加之傳說他能御風而行，四海遊歷應該更加容易。壺丘子問他，你喜歡遊歷是為什麼呢？列子說，一般人的遊歷是走馬看花，喜歡看新奇的事物。他的遊歷則是喜歡看事物的改變無常，以觀察世事變化流行的方式來體悟大道。而壺丘子在這樣的層次上又翻了一番，帶出遊歷之至在於內觀。因為往外看的遊歷，取決於物；而內觀之遊，則取足於身。

就修行修道的角度而言，眼所見之物固然有形貌上的千姿萬變，但總歸是外境，真正影響人的卻是人對所見之物的感受、解讀與反應。因此，透過內觀覺察自己對於所見事物、所遭遇的事件之感受、解讀與反應，便是能夠深入自身的心意識，由如此的覺察而了解與消融結習，進而從既有的煩惱障礙，翻出智慧清明之力量。

玄奘法師之所以佛法如此通透，又特別熟稔藏識之祕密，想必是因為將佛法的修行全然地落實在生命經歷當中所致。玄奘法師從外表看來是萬里西天取經，內涵上則是內觀深入藏識煩惱障礙大海。我也有幸跟著玄奘法師的腳步，在遊歷的過程當中，學習覺察一番這過程中些許點滴的心意起伏。

高昌古城的舊址前，依舊豎立著玄奘法師毅然邁步的西行雕像，彷彿他的精神依舊在帶領著我們、激勵著我們。

感謝撰寫這本書的因緣，讓我有機會真實地跟隨著玄奘法師的腳步，親自到那些地方感受與遊歷，乃至向內經歷自己的煩惱障礙。願這些親身的經歷與體會能讓玄奘法師的故事更有血有肉地呈現在此書當中，分享給諸位讀者。然而，遊歷不在遠方，每個人的人生也是一趟獨一無二的旅程；願各位讀者也都能如同玄奘法師一樣，勇敢地遊歷自己心意識的內心世界，在藏識大海中鍛鍊出無盡寶藏。

【本書編輯序】

真正的「齊天大聖」！

——賴志銘（國立中央大學哲學博士）

二〇二四年八月，一款高製作網路遊戲《黑神話：悟空》於全球爆紅，也因此奪回文化話語權，讓全球玩家與視聽者知曉「孫悟空」與《西遊記》並非日本產物，而是想像力與人性洞察力超卓之中華文化與中國神話的一環。

可惜的是，這款遊戲畢竟只讓玩家及諸多網路鄉民們知道孫悟空、豬八戒乃至《西遊記》裡的諸天神佛與妖魔鬼怪等角色與情節；除非進一步挖掘，否則玩家及閱聽者對於《西遊記》的原點——「唐三藏」的原型玄奘大師，仍一無所知。

在我國中二年級時，已故的國文教師兼班導李鳳珠老師，在緊密的升學課程間，仍帶著我們班抽空排演歡送畢業生的音樂劇《西遊記之火焰山》；配樂與劇情由老師一手包辦，我們這些小鬼頭則各自負責道具與武打、舞蹈動作設計，我所演的就是「唐三藏」這個角色。

我還記得，我用紙板做了法冠、水管跟鐵絲製成禪杖，母親大人用縫紉機幫忙縫製了一件紅黃兩色的袈裟，腳踏車裝上保麗龍做成的馬頭就化為我的白馬；而且，我這個「唐三藏」還是個揮舞禪杖大戰妖人的「少林武僧」！這應該算是我個人貼近「唐三藏」的緣起。

隨著年齡漸長，諸般煩惱絲縷纏擾。為了釐清「我是誰」（或「誰是我」）以及多重面向的思想與生命如何構成等困惑，我於大二時轉念哲學系，並因而更深入地接觸佛學，也得以片段而粗淺地了解關於玄奘大師的些許評價及稱譽，諸如——

玄奘於印度學成之後，戒日王在曲女城舉行辯論大會，由玄奘擔任論主

（提出論點並接受批判者），無人能挑戰，因而名震五印，大乘僧俗尊之為「大乘天」，小乘僧俗則尊之為「解脫天」。

民初著名國學家梁啟超（西元一八七三至一九二九年）讚譽玄奘為「千古一人」，並稱玄奘弟子慧立所撰之《大唐大慈恩寺三藏法師傳》「在古今所有名人譜傳中，價值應推第一」。

國學大師、著名佛學家湯用彤（西元一八九三年至一九六四年）從人格、學問、事業三個方面表示他對玄奘大師的讚歎。他指出，玄奘在人格上能不雜埃塵、匡振憒綱；涉風波而不倦，對萬乘而愈高；在學問上，有知識分子的誠實、勇於追求真理的勇氣；在事業上，則欲使佛學在中國紮根，譯經事業旨在另外創立中國哲學語言。

被譽為民國「自玄奘大師以來第一人」的印順導師（西元一九〇六年至二〇〇五年），則對玄奘大師的譯經成就讚道：「奘公所譯，每獨備於中華，可謂中國佛教之寶矣！」

曾任日月潭玄奘寺住持的道安法師（西元一九〇七至一九七七年），在其〈玄奘大師的精神〉一文中指出：

玄奘大師在這地球歷史中，千秋萬代裡，他的精神是超越所有歷史人物的超人，同時更是中華五千年歷史中的完人。他的精神是照耀宇宙間永遠不息的恆星。

法師並做一對聯讚道：

萬古仰完人，大漢聲威揚異域；

千秋傳絕學，盛唐文物震全球。

英國歷史學家史密斯（Vincent Arthur Smith）在《印度早期歷史》前言中指出：「玄奘這部書［《大唐西域記》］是個寶藏，包涵很多準確的資訊，對於任何研究印度古代史的學者而言都是不可或缺的。」並在同書中如此評價玄奘：「無論怎麼樣誇大玄奘的重要性都不為過。中世紀印度的歷史漆黑一片，他是惟一的亮光。」在《牛津印度史》中，他則說道：「印度歷史對玄奘所欠下的債是無法估算的。」

對世界佛教的貢獻如此宏大的玄奘大師，一般人甚至是佛教徒所認識的「玄奘＝唐三藏」，卻是《西遊記》裡「膽小、軟弱」的形象。無怪乎星雲大師（西元一九二七至二〇二三年）感慨：

像這樣一位膽識和毅力超凡、學問與道德卓越的高僧，怎麼可以和《西遊記》裡那個優柔寡斷、疑神疑鬼、膽怯懦弱的「唐三藏」相提並論？我們應該還歷史的玄奘一個真實的面目。

因此，藉由撰寫慈濟高僧傳系列叢書的機緣，距國中年華近四十年後的今天，另一位老師引領我再度與玄奘大師結緣。念博班時，有幸受教於臺大哲學系教授蔡耀明老師於中央大學哲研所所開的「大乘佛典」課程；聆聽老師論述縱橫，我深覺法喜踴躍。老師負笈美國十餘載，深研佛學，對於玄奘所譯之《大般若經》頗有獨到見地；退休後，更放下俗務，出家潛心佛法。我個人以為，老師可說是撰寫玄奘大師傳記的極佳人選，便敬邀老師撥冗撰寫；承蒙老師不棄，而且用心，又找來對禪修研究甚深的學生、臺大哲研所王美瑤博士協助——王博士甚至為了體會大師心情，親自走了一段大師走過的路，務求能深入淺出地呈現玄奘大師之生命歷程與精神。

拜讀初稿時，甚感驚豔！師生聯手，不僅詳細敘述了玄奘大師的求學與取經歷程，更不時提點讀者，如何設身處地去體會大師所經歷的艱險與跌宕——不僅是西行之旅，還有回到大唐後的朝堂應對，實非尋常人所能擔負！這才是真正的玄奘大師「千古一人」之風範！

在字裡行間稍微體會大師的身心歷練後，在我看來，比起《西遊記》中神通廣大的孫悟空，僅有肉身凡胎，卻能以大無畏精神，捨棄已有之名聲地位，悲智雙運地甘冒生死之險前往西天取經、更投注畢生心力於漢譯流傳千古之傳世經典上，只為弘揚正法、利益眾生，其精神如其「大乘天」之稱號，才可說是真正的「齊天大聖」！

感謝蔡耀明老師（心傳法師）與王美瑤博士的用心刻畫，展現玄奘大師有血有肉、堅忍卓絕的菩薩形象；期盼讀者亦能藉由此書，感受到玄奘大師的勇猛精進與甚深悲智。

目錄

示現

前後僧傳往天竺者，首自法顯、法勇，終于道邃、道生，相繼中途，一十七返；取其通言華、梵，妙達文筌，揚導國風，開悟邪正，莫高於奘矣。

時使人大理卿鄭善果有知士之鑒，見而奇之，問曰：「子為誰家子？」答以氏族。……又問：「出家意何所為？」答曰：「意

未足比其清華，仙露明珠詎能方其朗潤。故以智通無累，神測未形，超六塵而迥出，夐千古而無對。

帝聞之哀慟傷感，為之罷朝曰：「朕失國寶矣！」……翌日又謂群臣曰：「惜哉！朕國內失奘師一人，可謂釋眾梁摧矣，四生無導矣。亦何異於苦海方闊，舟檝遽沉，暗室猶昏，燈炬斯掩！」

影響

奘師為瑜伽唯識開創之祖，基乃守文述作之宗，唯祖與宗百世不除之祀也。蓋功德被物，廣矣、大矣；奘苟無基，則何祖張其學乎？開天下人眼目乎？二師立功

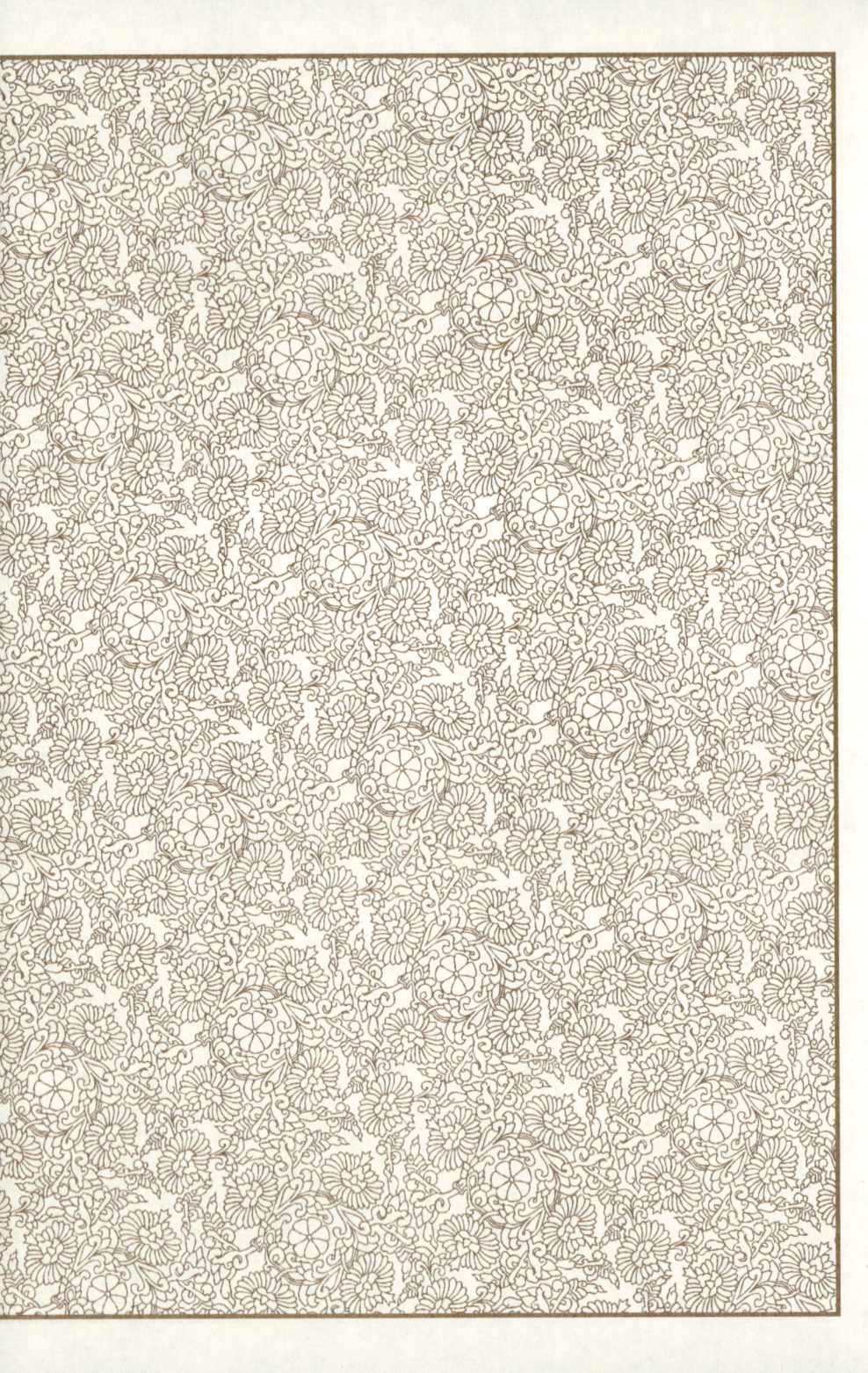

示現

第一章　千秋萬古一聖僧——總覽

前後僧傳往天竺者，首自法顯、法勇，終于道邃、道生，相繼中途，一十七返；取其通言華、梵，妙達文筌，揚導國風，開悟邪正，莫高於奘矣。

談到中國歷史上最著名、最廣為人知的僧人，多數人通常第一個想到的會是「唐三藏」——其原型便是唐朝的玄奘大師。由於中國四大名著中的《西遊記》，將玄奘大師西天取經的故事寫成既通俗又經典的章回小說，劇情精彩豐富，故事跌宕起伏，「唐三藏」的形象與傳奇故事，因而深植每個華人的心靈。

難以超越的成就

從各方面來看，玄奘大師的確是在歷史長河中一位不可取代而令人驚歎的非凡存在，他真實的故事甚至比《西遊記》的故事更加讓人感動；因為，現實中，玄奘大師並沒有法術高強的徒弟們保護，卻一樣有與九九八十一難同等的艱辛。他有的只是一顆堅定的求法心和利益眾生的慈悲心，用他血肉之軀的凡夫身，一步一步完成這近乎不可能的西行旅程，抵禦過程當中無數的乾渴、曝晒、冰凍和盜匪、猛獸，示現了願有多大、身心就能跟著多堅強、多有韌性！

他在世六十三年(註一)，於這段不算長的歲月裡所完成的每一項事蹟，即使以現在的眼光來看，都是一般人難以企及的，何況是在一生當中同時完成這些每一項都很艱鉅的任務。本章先以簡單的統整呈現大師一生的事蹟，讓讀者得以快速大略地體會玄奘大師一生令人驚歎的成就——

・一生遊行的距離：粗略的直線距離估計為是二十五萬公里。但實際上行走的路線必定超過直線距離，更不用說還有雪山裡的蜿蜒與垂直距離，所以實際上當然遠超過二十五萬公里。

·歷經的困難地域：長江三峽、大沙漠、大雪山、叢山峻嶺、年久失修的險橋、稠密森林、湍急大河等。

·遭遇的盜匪次數：有明確記錄以及生命危險的至少七次，其他零星者則數不勝數。

·帶回來的經典部數：六百五十七部。

·一生翻譯的經典部數：七十四部、一千三百三十八卷。

玄奘大師最為人所熟知的，應該是穿越大沙漠的行程。塔克拉瑪干至今還是世界上第二大的沙漠區域，東西長一千一百多公里，南北寬五百五十公里，面積約三十三點七六萬平方公里，相當於臺灣島總面積的九倍多。即使是在今日科技發達的時代，如果沒有足夠充分的準備，人們仍不敢貿然前往；遑論一千多年前，玄奘大師並沒有車子、汽油、衛星導航等輔助的科技，膽敢穿越這樣的沙漠，真的需要非凡的心理和身體素質。

不過，較鮮為人知的是，玄奘大師不只穿越過大沙漠，還翻越過大雪山。

玄奘大師途經的穆素爾嶺（位於現在的新疆天山山脈中），最高峰是七四三五公尺；與都庫什山（座落在新疆、塔吉克南邊和阿富汗東邊的交界處），海拔在三千五百至六千公尺之間。

此外，還需翻越帕米爾高原。帕米爾也座落在新疆和塔吉克的交界處，「帕米爾」（**Pamir**）這個名字是由塔吉克語音譯而來，意思是「世界屋脊」。高原的平均海拔在四千至七千七百公尺之間，範圍大約十萬平方公里，高峰連綿。帕米爾高原是五大山脈的匯集處，包括：喜馬拉雅山脈（印度、尼泊爾與中國西藏的交界）、喀喇崑崙山脈（綿延在中國西藏、塔吉克、阿富汗、巴基斯坦和印度之交界處）、崑崙山脈（大致在西藏與新疆的交界處）、天山山脈（橫亙中國新疆的中部、吉爾吉斯和烏茲別克，西端伸入哈薩克等，為中亞最大山脈）、與都庫什山脈（阿富汗東側到巴基斯坦）五大山脈。

這些都是以高聳冰封難行且幅員廣大著名的山域；即便玄奘大師不需要爬上最高峰，至少也需要翻越海拔三千至四千公尺以上的山域，意味著需要持續在低溫嚴寒的環境行走以及過夜一段時日，才有辦法順利翻越。

山域的危險，不僅僅是刺骨的酷寒，還有變幻莫測的天氣、如利刃般的寒風大雪和稀薄的空氣，每一項都足以致命。同樣地，玄奘大師並沒有現代的高級裝備，沒有保暖的羊毛襪與登山鞋，沒有輕量化又保暖的睡袋和帳篷，也沒有防水防風又透氣的登山外套，沒有便攜式的爐頭、高山瓦斯、營養棒和氧氣筒，更沒有特別設計負重系統的登山背包，只有最素樸的裝備和堅定勇敢的信心。在那樣的條件下翻越大雪山，其嚴苛與艱辛是難以想像的。

除了自然環境上的艱困，玄奘大師的西行過程，還需要面臨混亂動盪的時局。玄奘大師的行程需途經當時的西域，也就是現在的新疆、吉爾吉特、阿富汗一帶。當時，大唐為了處理西突厥的問題，經常與西域的各個小國爆發戰爭，各個小國之間也不是非常平靜。玄奘大師要穿越如此複雜的政治地域，風險也是能想見的。

西行求法的挑戰，路途的艱辛固然是箇中之重，語言障礙的難度似乎也不亞於路途之艱難。到印度學習梵文，並且達到最後能用梵文和巴利語與當地的法師談論經典的程度，乃至回國後得以翻譯經典，亦是非常不容易的事情。有過留學經驗的人多少能夠體會這當中的困難。學習異國語言本就不易；要用異國的語言討論極為深奧的佛法，則更需要對該語言有高度的掌握。由此來看，玄奘大師在語言上應具有相當高的資質。

最後，光是看到那一長串的譯經目錄，便足以讓人瞠目結舌。只一部《大般若波羅蜜多經》便有六百卷，收錄在《大正藏》當中整整三大冊；當今有能力且有毅力從頭讀到尾的人，恐怕沒有多少人。更何況，譯經還需要思考譯詞以及語意表達，所需要的時間和精力更是較讀經多出數倍。而《大般若波羅蜜多經》僅僅是玄奘大師翻譯的七十五部經中的一部而已。

一個人的一生即使只完成這上述的其中一項，以當代的標準來說都已經是非常了不起的成就，玄奘大師則完成了所有項目。這恐怕是前無古人而後無來者的創舉，集勇氣、毅力、堅定、信心、智慧與慈悲於一身的大丈夫、活菩薩，完全擔當得起「千秋萬古一聖僧」的名稱。

西行求法的路線

值得一提的是，如果翻開地圖，我們會發現，玄奘大師的「西行」之路，其實是繞了一大圈。印度的地理位置實際是在漢地中原的西南方，玄奘大師卻先往西行，穿越新疆的沙漠，翻過蔥嶺，然後再往南進入印度，路徑十分迂迴。從地圖上來看，如果直接往南走的話，應該能夠縮短很長一段路程。於是有些人產生了這樣的疑惑：為什麼玄奘大師要繞這麼一大圈呢？

有關中印之間的古代交通路線，根據《釋迦方志．遺跡篇》的記載共列舉三條陸路的路線——

第一是「東道」，由河州（今甘肅蘭州一帶）出發，先渡過黃河，到鄯州、鄯城（今青海樂都、西寧、湟中），再經過吐谷（同「玉」）渾（西晉至唐朝時期位於祁連山脈和黃河上游谷地的古代國家）、吐蕃（七世紀初到九世紀中葉存在於青藏高原的藏族國家）等地，至北印度尼波羅國（尼泊爾第一個有明文記錄的王朝，存在時間約為西元四〇〇至七五〇年，由離車族建立，主要在加德滿都谷地一帶），進入印度。唐代的玄照法師、玄太法師和道方法師等應該是採取這條路線。

第二條是「中道」，由鄯州出發，經過現在的河西走廊出玉門關，過大流沙到于遁等國，經斫句迦國（崑崙山麓中的古代小國，今新疆維吾爾自治區葉城縣一代）、佉沙國（今新疆喀什市）、揭盤陀國（在蔥嶺山中）、漕矩吒（今阿富汗）等國，再南下至印度。

第三條是「北道」，由京師西行至瓜州（今甘肅敦煌附近的瓜洲縣），經莫賀延磧，經高昌古國（今新疆吐魯番市），繞經笯赤建（今烏茲別克國塔什干一帶）、睹貨邏（帕米爾高原西南古國，今伊朗一帶）等國，入於烏仗那國（今日巴基斯坦西北邊境省斯瓦特縣）後再進入印度。此道便是玄奘法師所走的路線。

這三條道路為隋唐時代中印之間比較主要的交通路線。另外，依據《大唐西域記．卷十．伽摩縷波國》，也能從巴蜀進入到東印度；據說，劉宋時代的智猛法師和慧叡法師等，便是經巴蜀之路至印度。

除了陸路外，亦有走海路取道南海者。如東晉時代的法顯大師、劉宋時期的法勇法師，隋朝時的義朗法師，以及唐代常敏、明遠、窺沖、智行、大乘燈、曇潤、道琳、慧命、靈運、智弘等法師，便是由海路前往印度。

雖然，在地圖上直接往南的行程距離更近；但是，在地理現實上，中印邊境的喜馬拉雅山脈或是藏北無人區是極難跨越的，需要從當中極少數的山谷峽地通過，亟需當地人的幫助，需要更多的運氣。並且，當時此區域屬於吐蕃國，是唐朝的強大敵對國。總之，要從此路過，在政治與地理氣候條件上，都是重重阻礙。

另一條往南的路徑則是從四川、雲南再到緬甸然後進入印度，此路徑稱為

「蜀身毒道」，也被稱作「西南絲綢」之路。然而，《大唐西域記》中是這樣記載的：

> 境接西南夷，故其人類蠻獠矣。詳問土俗，可兩月行入蜀西南之境。然山川險阻，嶂氣氛沴，毒蛇毒草為害滋甚，國之東南野象群暴。

《慧琳音義．卷八》中亦記載：

> 仗土人引道，輾轉問津，即必得達也。山險無路，難知通塞。

從中國古時稱南方為瘴癘之地、到現代美國於越戰的慘敗，大概可以理解要穿越西南這片區域的困難程度。茂密的熱帶雨林充斥著各種疾病和猛獸，恐怕也不是一條容易穿越的路徑，需要特殊的機遇以及當地地緣關係的配合，否則大概很難成功穿越。

其實，玄奘大師走的大致上是屬於當時的正規路徑，也就是自漢朝以來開通的「絲路」。當時，無論是要前往印度（身毒）還是歐洲，都是先從玉門關出去之後，翻越蔥嶺（帕米爾高原）到中亞，然後或繼續往西到波斯（今伊朗）、地中海各國，乃至到歐洲羅馬或轉至大食（今阿拉伯）與北非開羅。或翻越蔥嶺後往北行沿鹹海、裡海和黑海的北岸，經過碎葉（今吉爾吉斯北境）、怛羅斯（今哈薩克與吉爾吉斯交界處）、阿斯特拉罕（裡海北岸）等地到君士坦丁堡（即今日土耳其的伊斯坦堡），或往南到巴基斯坦、印度。

而要從中國到印度的話，主要還是要從今天的新疆以及中亞細亞。主要分為兩大路線，即在新疆分為南北二路。往南一路從涼州（今甘肅武威）出關至敦煌，穿越沙漠（古稱流沙），至鄯善（新疆維吾爾自治區中東部），乃沿南山脈以達于闐（今新疆塔里木盆地塔克拉瑪干沙漠的南端），再往西北至莎車（新疆維吾爾自治區喀什地區）；由南經巴達克山（今北部屬塔吉克斯坦，南部屬阿富汗）南下，越過大雪山而達罽賓（即迦溼彌羅，今阿富汗東北一帶的克什米爾）。這也就是《釋迦方志》當中所記載的「中道」路線。

「北道」則是一路由敦煌之北，西北進到伊吾（今新疆維吾爾自治區哈密地區），經吐蕃、焉耆（新疆塔里木盆地東北部古國，今為焉耆回族自治縣黑城遺址）進至龜茲（今新疆阿克蘇地區和巴音郭楞蒙古自治州部分地區），而至疏勒（今新疆喀什地區），再經過葱嶺西南行至罽賓；或者，由北路到焉耆之後，南下至于闐接上南路。這也就是唐代道宣所著《釋迦方志》當中所記載的「北道」路線。

綜觀來看，玄奘大師所走的西行之路，是一條已經官方打通的路徑，雖然路途遙遠一些，相對來說卻是最穩當、最能隻身上路、也是需要外緣倚賴最少的選擇。

曾經西行求法的僧人

玄奘法師可說是西行求法最著名的一位僧人，卻不是唯一的一位。歷史上記錄的西行求法之修行人超過百人。

佛法傳入中原的時間應於西元前，實際年月並不可考；畢竟，法義、思想或文化的傳播往往是一種緩慢互動的滲透交融。文字紀錄目前通常是追溯到秦始皇時期（西元前二五九至二一〇年），根據隋朝費長房《歷代三寶紀》所載：「又始皇時，有諸沙門釋利防等十八賢者，齎經來化。始皇弗從，遂禁利防等。」可以確定的是，佛教傳入中原，最晚不會晚於東漢末年；東漢漢明帝永平年前後（西元五八至七五年），佛語的使用當時已經普遍可見。

在佛教傳入之初，僧人並非直接從印度來，而是來自中亞、新疆一帶，法師多為西域僧人。無論是漢語、梵文或是當時中亞古國的語言都不是容易的語言，在最初說法與翻譯之時，有賴與中原居士彼此切磋磨合。因此，在說法與翻譯的字詞使用上，並沒有一個共同的參照，以致於早期的漢譯經典語詞艱澀難懂，並多用漢地原有的概念去格義套用，造成後來理解上的混雜與困難。如南北朝僧祐法師在《出三藏記集》中所述：

> 或善胡義而不了漢旨，或明漢文而不曉胡意，雖有偏解終隔圓通。若胡漢兩明、意義四暢，然後宣述經奧於是乎正。前古譯人莫能曲練，所以舊經文意

致有阻礙。

因此，東漢之後，不乏有西行求法之人，希望帶回梵文原典，以重新確認經文的內容法義。

紀錄上最早西行求法的是三國時代魏國佛教僧侶朱士行（西元二〇三至二八二年），生於東漢末年，為穎川人士（今河南禹州市）。從時間上可以了解，當時距離最早傳進並翻譯的佛經，至少已經有兩百年。朱出家後於洛陽講述《道行般若經》，感覺語詞難以理解，便決意西行以求取原典。

甘露（漢末孫吳之年號）五年間（西元二六〇年）從長安西行至于闐（今新疆塔里木盆地塔克拉瑪干沙漠一帶）學習直至八十歲身故。期間，得般若經梵文本。西晉太康三年（西元二八二年）由其弟子法饒送回洛陽，元康（西晉惠帝第三個年號）元年（西元二九一年）由無羅叉和竺叔蘭兩位僧人譯為漢譯經典，即為現在所見之《放光般若經》。《道行般若經》和《放光般若經》，皆為《大般若經．第四會》梵文本之譯本。

然而，嚴格來說，朱士行西行求法只到了今日的新疆區域。真正到達印度的第一位漢地僧人，則是東晉的法顯大師。法顯大師於晉安帝隆安三年（西元三九九年）由長安出發，歷經三十餘國，花了六年之久才抵達中天竺；法顯大師甚至抵達過獅子國（即今天的斯里蘭卡），後以海路歸國。斯里蘭卡島上至今還有一處名為「法顯洞」，為法顯大師當時在島上停留過的岩洞。大師回國後，譯出《大般泥洹經》六卷、《摩訶僧祇律》等經。最讓人敬佩的是，法顯大師從長安出發的時候，已經六十二歲高齡了。如此的勇氣與求法之心，同樣讓後世人傳頌不已。

在玄奘大師之後，還有義淨法師。他生於唐太宗貞觀九年（西元六三五年），為齊州山茌（今山東省濟南市長清區）人士。因仰慕法顯法師與玄奘法師的高風，也萌生了西遊之志。於是，在唐高宗咸亨二年（西元六七一年）時，搭波斯商人的船從廣州出海，以海路的方式前往印度；途中歷經室利佛逝國（今印尼蘇門答臘），最終抵達南印度。帶回梵文本之經、律、論四百部以及舍利，並譯出《金光明最勝王經》、《佛說大孔雀呪王經》等經。

那麼，為什麼最為人所熟知的還是玄奘法師呢？以結果來說，玄奘法師帶回的經本數量最多，所譯之經的數量也最多，而且這些經典對後世影響很深；再加之《西遊記》的民俗化故事，使得玄奘法師的事蹟與形象在中華大地上家喻戶曉。

關於《西遊記》中的人物原型

除了歷史事蹟讓人傳頌至今，玄奘法師的另外一個形象——即《西遊記》中的唐僧形象，恐怕比他在歷史上的樣貌更深植人心。

《西遊記》固然是創作的小說，但當中的人物可能有其創作的參考原型。以下提供一些考據給讀者參考，不失為一有趣的知識。

孫悟空的原型，可能是一位俗名為車奉朝（西元七三一至八一二年）的唐朝僧人。他是京兆雲陽（今陝西涇陽縣）人，北魏拓跋氏後裔。天寶十年（西元七五一年）時，奉旨出使西域，因疾病的緣故留居在犍陀羅國（今巴基斯坦、阿富汗附近）。回國後，唐德宗賜法號「悟空」。

另一說則認為，「孫悟空」的原型是曾經幫助玄奘法師於邊境甘肅瓜州時脫困的引路人——石槃陀。由於石槃陀是一位胡僧，毛髮比漢人濃密，加之披髮，且頭上有髮箍裝束，故被認為是孫悟空孫猴子的原型；髮箍即為孫悟空頭上「緊箍」的發想來源。

關於「豬八戒」，其參考的原型則被認為是前面提到過的西行第一人——朱士行。因為他的法號即為「八戒」，故被認為有可能是《西遊記》中豬八戒的創作原型。「沙悟淨」的原型比較少被討論，只有一說是可能源於「深沙大將」。深沙大將傳說為一精怪，後被收服成佛教的護法神，誓願要拯救在沙漠中陷入危機之人，能夠治療疾病，並讓人遠離魔事。因此，清末民初的文學家魯迅曾提出「深沙大將」即是沙悟淨之原型的說法。

以上的說法無論正確與否，聊作一茶餘飯後之閒談耳。更重要的是，《西遊記》透過這些人物微妙的刻畫，讓佛法的寓意以及玄奘法師西天取經的故事流傳而深入人心。至今，關於這三位弟子的寓意，都還能引發各方的發想與熱議，這便是這些人物刻畫最重要的功能。

以下，就讓我們回到歷史上的玄奘大師，更詳細地了解玄奘大師的事蹟與功德。透過理解他的故事，啟發我們自己的生命力量與勇氣，將這分精神傳遞、延續。

【註釋】

註一：《由於年代久遠，關於玄奘大師在世的年歲以及年譜有許多種說法，各種研究考據紛紜。以下便將常見的幾種說法整理為表格，供讀者參考。本書主要採用六十三歲此版年譜。

歲數	考據	參考資料
五十六歲	《舊唐書．卷二百一》：「玄奘乃奏請逐靜翻譯，敕乃移於宜君山故玉華宮。六年卒，時年五十六，歸葬於白鹿原，士女送葬者數萬人。」然，有許多其他考據顯示玄奘大師年逾六十，故此說被認為有誤。	《梁啟超，〈關於玄奘年譜之研究〉，《玄奘大師研究（下）》，臺北市：大乘文化，一九七七，頁二七七至八。
六十一歲	不詳	梁啟超，〈關於玄奘年譜之研究〉，《玄奘大師研究（下）》，頁二七八。
六十三歲	唐．冥祥（撰），〈大唐故三藏玄奘大師行狀〉：「今麟德元年，吾行年六十有三，必卒於玉花。若於經論有疑，宜即速問，勿為後悔。徒眾聞者無不驚泣。……得病之時，翻經使人許玄，備聞奏，蒙勅遣醫人，將藥往看。比至法師已亡，醫不及。終後坊州刺史竇師備聞奏恩勅葬事所須。」收錄於《大正藏》第五十冊，經號二〇五二。此說為最多人採信。	梁啟超，〈關於玄奘年譜之研究〉，《玄奘大師研究（下）》頁二七七至八。劉汝霖，〈唐玄奘大師年譜〉，《玄奘大師研究（上）》，臺北市：大乘文化，一九七七，頁二二一。

六十五歲	唐·道宣（西元五九六至六六七年）（撰），《續高僧傳·京大慈恩寺梵僧那提傳二》：「麟德元年告翻經僧及門人曰：『有為之法必歸磨滅，泡幻形質何得久停。行年六十五矣，必卒玉華。』……至五日中夜。弟子問曰：『和尚定生彌勒前不？』答曰：『決定得生。』言已氣絕，迄今兩月色貌如常。」收錄於《大正藏》第五十冊。	梁啟超，〈關於玄奘年譜之研究〉，《玄奘大師研究（下）》頁二七八。劉汝霖，〈唐玄奘大師年譜〉，《玄奘大師研究（上）》，頁二二一。
六十九歲	唐·劉軻（撰），〈大唐三藏大遍覺法師塔銘〉：「高宗即位，法師還慈恩，專務翻譯。……法師翻《般若》後，精力刓耗，謂門人曰：『吾所事畢矣。吾瞑目後，可以蘧蒢為親身物。』門人雨泣，且曰：『和上何遽發此言？』法師曰：『吾知之矣。』麟德元年春正月八日，門人元覺夢一大浮圖倒。法師曰：『此吾滅度之兆。』……至二月五日夜，弟子光等問云：『和上決定得生彌勒內眾否？』領云：『得生』。俄而去，春秋六十九矣。」梁啟超採用此說。	梁啟超，〈關於玄奘年譜之研究〉，《玄奘大師研究（下）》，頁二七八至九。劉汝霖，〈唐玄奘大師年譜〉，《玄奘大師研究（上）》，頁二二〇。

第二章　煢煢卓絕非凡骨——少時

時使人大理卿鄭善果有知士之鑒，見而奇之，問曰：「子為誰家子？」答以氏族。……又問：「出家意何所為？」答曰：「意欲遠紹如來，近光遺法。」

玄奘法師俗名陳禕（音同「依」），於隋朝隋文帝仁壽二年（西元六〇二年），誕生在滎陽郡開封縣陳留這個地方。

玄奘誕生的時空背景

在隋朝之前，整個神州大陸處於一片動盪的五胡十六國及南北朝局面，持續三百年的破碎與變動。在隋朝之前，上一次中原短暫的大一統還是在西元二八〇年，三國時代曹魏世族司馬氏的司馬炎（司馬懿的孫子）於西元二六六年篡魏後所建立的晉朝，在二八〇年時終於南下滅孫吳而統一天下。

然而，晉朝統一天下的時間並不長；才經過短短的十一年，西元二九一年即爆發「八王之亂」。隨後，塞北的各個遊牧民族又乘機起兵進入北方各地，史稱「五胡亂華」。因此，北方的漢人世族紛紛舉家南遷。西元三一一年，史稱「五胡十六國」中之一的漢趙皇帝劉聰攻入洛陽，晉懷帝被殺，晉愍帝司馬鄴逃到長安繼位，苟延殘喘了五年後，長安亦被漢趙攻陷。西元三一六年，由司馬炎建立的西晉就這樣滅亡了，國祚才五十年。

西元三一七年，南遷的晉朝皇族司馬睿於建康（今南京）稱帝，定都建康，開啟東晉的偏安局面。然而，東晉的範圍僅止於江東；淮河以北，乃至現在的四川等地，都不在東晉的範圍。北方徹底進入了五胡十六國的階段，先後或同時出現過後涼、北魏、後秦、西秦、後燕與西燕等小國。

隨後，東晉又在西元四二〇年時滅亡，由南朝的劉裕篡位後成立劉宋接續，而北方也在約西元四三九年時由北魏統一，進入了南北朝時期。南朝經歷過「宋、齊、梁、陳」四個朝代，北朝則從北魏又分裂為東魏和西魏，各自又演變成北齊和北周。

從這樣簡短的敘述便能看出，自上一次大一統的西晉到隋朝之間這近三百年來中原的混亂與動盪。小國林立而諸國混戰不休，亂得讓人難以跟上其中版圖變動的急速。安定是富足與幸福的基礎，人民生活在這樣變動的時代，恐怕連田地都沒辦法好好耕種、三餐飽足都成問題，還有時不時的戰亂，身體的受苦自然不在話下；而持續的政權變動，社會也隨之失序。在這樣晦暗的時代，恐怕只能靠拳頭大小來說話，人心也很難得到柔軟及免於恐懼的安慰。

三百年來的動盪，百姓的困苦是可以想見的。也因此，佛教、道教等宗教，在此時期具備了很好的發展與散播的條件。現世過於困苦欠缺希望，人民特別能深刻體會佛教所說的「人生無常、人生是苦」等道理；同樣地，也會對於「出離」（世間）的修行道路較能夠了解與接受。

佛法就在這樣的時代背景下，越來越深刻地滲透進中原社會。

一直到西元五八一年，出身北周關隴集團的楊堅，接受了北周靜帝的禪讓，建立隋朝，是為隋文帝。其於五八九年攻滅南方的陳朝，俘虜陳後主；並在隔年九月，招撫嶺南地區（今廣東、海南一代）的冼夫人，使之歸附隋朝。至此，隋朝終於結束了中原自魏晉南北朝以來三百多年的分裂局面，重新建立一個大一統的國家。

隋文帝提倡節儉，減輕刑罰與徭賦，實行均田制、租庸調制等制度，使得耕地大面積恢復。隋文帝在位的二十多年，民生經濟終於盼到了喘息的機會，有了驚人的復甦，史稱「開皇之治」。

根據《隋書》的記載，到了隋煬帝（楊廣，隋文帝之子）大業五年（西元六一〇年）的時候，全國墾田的面積高達五千五百八十五萬四千多頃：

> 墾田五千五百八十五萬四千四十一頃。其邑居道路，山河溝洫，沙磧鹹鹵，丘陵阡陌，皆不預焉。

「溝洫」指的是田間水道的意思，「沙磧鹹鹵」則是用來製鹽的鹽田，「阡陌」是田間小路，這些都是關乎民生的設置。「皆不預焉」的意思是，這些都還沒有計算在墾田的範圍當中。也就是說，光是墾田就這麼多，若再加上其他的水路、鹽田，面積自然又更廣，也可以理解為多到無法計算。《貞觀政要》中亦記載，隋文帝末年「計天下儲積，得供五、六十年」，足見其富饒程度。

玄奘法師就出生在這難得的大一統、安定、富饒的時期。

玄奘法師的故鄉陳留，位於現在的河南開封，目前還保持著「陳留」這個地名。在隋朝之前的三百年間，陳留地區先後經歷過五胡十六國與北朝的北魏以及後來分裂的東魏和北齊；可以想見，那是一個已經胡漢融合、呈現文化多元的生活環境。

舉幾個例子，也許能更真切地呈現當時中原文化的多元情形。在近代所挖掘、北周隴西李氏家族的李賢（西元五〇四至五六九年）位於寧夏固原的墓室裡，便發現一只來自波斯（今伊朗）的瓶壺，上面繪畫的是希臘神話的故事。

在西安，也在一座大約是西元六〇〇年左右的墓裡挖出一條波斯項鍊，上面綴有阿富汗出產的青金石，製作的工藝也與古希臘、古巴比倫是相同的。這些例子可以讓人感受到，彼時的中原與中亞、歐亞，並沒有想像中的閉塞與遙遠。

開封一帶沃野千里，自古便是大糧倉，在當時又獲得了休養生息的機會；想來，在玄奘法師出生之時，陳留附近應是一片綠油油的盎然生氣。此外，隋朝也開始興建大運河（後稱隋唐大運河），最南可達餘杭（今浙江寧波一帶），最北可通涿郡（今北京），向西則至河南洛陽。四通八達的河運，疏通了商旅的來往，讓城鎮村邑益發顯得繁榮熱鬧。

總體而言，我們可以想見，在玄奘法師出生的那個時空背景，經過三百年的動盪，百姓獲得了難得的大一統的喘息機會，社會大致呈現相對穩定和平的狀態；陳留一帶，則應是處於一種胡漢融合的多元文化，以及富饒熱絡繁榮的生活狀態。

出身儒學世家

玄奘法師出生於儒學世家，祖上在東漢末年曾經出了一個有名的人物——陳寔（音同「實」）（西元一〇四至一八七年）。

據《後漢書·荀韓鍾陳列傳》的記載，陳寔，字仲弓，曾經在太丘（今河南永成市底下的鎮）當縣令，所以又被稱為「陳太丘」。陳寔雖然出身寒微，但自幼便喜好學問、樂修德行，所以很得大家愛戴。即使當了縣令，也一樣恪己修德，以身作則地教化百姓，處處為百姓著想，使得當地百姓皆能安居樂業，連鄰縣的居民也都紛紛慕名舉家遷來太丘。

這樣的人口流動，使得他的下屬擔心來歸附的人民可能雜有逃亡的罪犯，便向陳太丘建議，先將來歸附的人都集中關起來，審慎分辨、過濾可疑人口後再放行。陳寔聽完下屬的建言，正色回答道：「訴訟是為了求得公理，若是沒有證據便無緣無故地將人民關押，人民該向何處申訴公道呢？所以，千萬不能這樣隨意拘禁他們。」他的上司聽到這件事，感歎地說道：「如果官吏都像陳君這樣，人民豈還會對政府有所怨尤？」

後來，有一年遭遇大荒，人民飢餓貧困，有一個小偷潛進了陳寔的府宅，躲在屋梁上伺機而動。陳寔很快就察覺到了，卻並不聲張，只是如同往常一樣起床、梳洗，然後傳喚子孫前來，鄭重地勉訓他們：「人不能不自我勉勵！作惡的人並非天生就是惡人，是因為積習成性才會變成這樣，就像屋梁上這位先生便是一個例子。」

小偷聽了大吃一驚，趕忙翻下身來對陳寔叩首乞求原諒。陳寔緩緩說道：「看你的樣子不像是壞人，今後要多多修束自己，回歸善道才是。」言罷，又接著說道：「你如今淪落成這樣，大概是被貧困所逼的吧！」說完，便命人給他兩匹上等的絹帛，讓他可以渡過難關。從此以後，這個境內就再也沒有出現過盜匪。這也是將小偷雅稱為「梁上君子」的典故由來。

無論是從古代儒者的仁愛智慧來看、從道家的順勢而為的智慧視之、或是依現代醫學「醫人、醫病也要醫心」的理念、以及心理學上須了解個案背後原因的進路，陳太丘這樣的處置都不失為非常高明有智慧而周全的方法。不以表面的對錯去扼殺一個人的價值，而從偏差行為的背後看見人心的困苦與被引導、幫助的需求，容許一個人有犯錯與改正的空間，而能從根本先接納一個人——即使曾經偏差，仍不失為一個值得被接納、相信會變好的人。此例顯示了陳太丘對人根本上的關懷，以及透徹剛柔並濟的智慧。

法師的曾祖陳欽，曾是北魏的上黨（今山西省長治市全境）太守，也就是郡級行政區的地方行政官。祖父陳康，則是北齊的國子博士，專門教授國子學生，並需要接受政治諮詢，以及擔任祭典的顧問，相當於今日最高教育體系的教授兼行政顧問，通常必須是履行清淳、通明經義者才能擔任。

而法師的父親陳惠，則跟遠祖陳寔很相似，也是一位操守高潔的文士，年紀輕輕便已博通經史。他除了飽學詩書、滿腹經綸，相貌據說也非常清逸脫俗、風姿典雅；他喜歡作儒士的裝束，穿上寬大的儒服，更顯得文質彬彬。然而，他生性恬淡，並不喜歡官場的名利角逐，多次謝絕了州郡舉薦他為孝廉和司隸官員，只是潛心在研究學問和修養心性。他娶洛州長史宋欽之女為妻，共育有四子一女，玄奘法師——取名為「陳褘」——便是他最小的兒子。

由於此時玄奘法師尚未出家，為了不混淆讀者的理解，某些脈絡便使用法師未出家前的俗名「陳褘」稱之，以方便理解。

綜觀如此的家世，置身在一個如此溫文儒雅、清逸出塵的家族氛圍當中，陳褘小小年紀便喜歡讀書，也就不足為奇。

陳褘自從啟蒙開始讀書之後，便只讀古聖先賢留下的雅正經典，行為舉止也都效法聖賢，對長輩必是每日早晚請安、噓寒問暖，打從內心地孝敬事奉。他跟別的小孩很不一樣。一般的小孩活潑好動很正常，到處抓魚、抓青蛙、抓螞蚱，或者去逛集市看新鮮事物都不在話下；但是，陳褘自幼卻不喜歡這樣的玩鬧，從來不跟小孩在街上玩耍；即使市集裡鑼鼓喧天，或者來了變戲法的、耍雜耍的街頭藝人，熱鬧得人聲鼎沸，也沒辦法打動他的心。這樣的「不動心」

並不是別人要求他、強迫他，而是他發自內心就喜歡沉靜悠遠。他就是這樣一個特別的孩子。

最著名的一件事是，父親陳惠教他讀《孝經》時，講說到「曾子避席」一段，小小的陳禕立即起身正襟恭立。父親問他是什麼緣故，陳禕回答道：「曾子聞師命避席。禕今奉慈訓，豈宜安坐？」意思是，曾子聽聞孔子的教學，便立刻離開座位以示恭敬鄭重地請教與聆聽教誨；我也正在聆聽父親的教誨，既然已經知道避席為恭敬之禮，又怎麼能繼續坐著不起身呢？

由此事可知，陳禕不但小小年紀便聰慧過人，講了一次便知曉道理，還能即刻身體力行，真的是很不一般。

陳惠教授陳禕讀《孝經》時，陳禕才八歲。如此早熟的言行，當陳惠跟族人提起時，族人也都稱歎不已，恭賀陳惠有一個這樣好的兒子，也為陳氏家族出了一位這樣的孩子感到欣慰。

雖然陳禕自幼懂事聰慧且愛敬尊長，但可惜他能膝下承歡的歲月並不長。

他的母親在他五歲的時候便離世了，父親陳惠也在他十歲時過世。

獲特許出家

陳禕的二哥陳素，早年就已經出家，法名「長捷」，住在東都洛陽的淨土寺。淨土寺建於北魏天賜元年（西元四〇四年），隋大業四年（西元六〇八年）遷建至隋都洛陽城建陽門（今李樓鄉樓村東側）內，為皇家寺院，又名為東都淨土道場。

寺名「淨土」源於東漢。當時，城郊外的白馬寺有兩位印度高僧迦葉摩騰和竺法蘭住在那兒翻譯佛經；某次，朝廷邀請他們到洛陽南郊皇家園林廣成澤遊玩，返回洛陽途中路過鸞浴溝；見此處一條清清溪流自東向西流過，溪水旁有一塊潔淨的白色岩石，溪水引來許多鸞鳥在中沐浴。對此清景，兩位印度高僧不由讚歎，此處真是難得的一方「淨土」聖地。後來，北魏太祖拓跋珪便選在溪邊的這一片天然白雲岩石之上建寺，沿用兩位高僧所說「出家人難得一片淨土」的意蘊，命名為「淨土寺」。

此時，距離佛教傳進中原至少已經六百年了（以東漢為準）。在南北朝時期，佛教已然十分流行，與道、儒並稱三教；最有名的信眾是南朝．梁的梁武帝蕭衍，不僅立佛教為國教，自己也多次捨身出家。

譯有《金剛經》、《法華經》、《中論》、《大智度論》等著名經典的鳩摩羅什法師（西元三四四至四一三年），以及他的弟子僧肇（西元三八四至四一四年），距此時期已是兩百年前的事了。禪宗的祖師菩提達摩，也已在距離此時約一百五十年前的劉宋年間（約於西元四七〇至四七八年），乘船來到中國南越地方（今廣州）。

天台宗的創始者智顗法師（西元五三八至五九七年），此時剛完成了被後世稱為「天台三大部」的《法華文句》、《法華玄義》和《摩訶止觀》。因受到隋煬帝楊廣重視與歸依，授以「智者」稱號，故後世又稱為「智者大師」。

著有《大乘義章》的地論宗淨影寺慧遠法師（西元五二三至五九二年）也是此時期的大師。智顗、淨影寺慧遠這兩位大師此時剛逝世不久。而三論宗的代表人物吉藏法師（西元五四九至六二三年），此時仍在講經說法。三位被並稱是「隋代三大師」。著名的龍門石窟也正在河南洛陽開鑿進行中。

以上種種，都足見當時佛教的盛行與蓬勃發展的情形，以及民間百姓廣信的程度。

由此，在魏晉南北朝時期，士人閱讀佛典已經是極為普遍的事，並與儒、道的義理互相參照融通，而催生了當時清談的風氣。甚至，由於多有西域的僧人來說法，士人除了閱讀佛典，連帶著學習梵文也在當時蔚為時尚，就如同今日學習英文一般。

在父親陳惠過世後，也就是陳褘十歲的時候，二哥考量到么弟的教育學習，且認為陳褘年紀輕輕便透發著聰慧，又有心性專靜的特質，頗有佛緣，便帶著陳褘離開陳留，來到洛陽的淨土寺一起生活與學習，並在他的帶領下開始誦習《維摩詰經》和《法華經》。

由於小陳禕在此之前於中國傳統經典已經學習了一段時間，對字詞的認識與義理的掌握都超出了同齡孩童；再加上他天資聰穎又好學不倦，並且生性就喜歡學習悠遠宏大的道理，學起佛經竟異常地合適與順利，甚至深深受到當中的智慧所吸引。雖說佛經裡宣講的道理與原先所讀的孔孟大異其趣，但開演出來的世界之大、智慧之深，也讓小陳禕深感宏偉而悠然神往。於是，就在兄長的帶領下，於暮鼓晨鐘中研習佛法，日日學習演說與辯論。

大業十年（西元六一四年），陳禕來到淨土寺的第三年，適逢隋煬帝下詔要在洛陽剃度二十七位僧侶。

佛教與隋朝的淵源頗深。傳說，隋朝的開國皇帝隋文帝楊堅便是在尼庵中誕生的，並由女尼智仙撫養長大（見《隋書·帝紀第一》），所以與佛教早有契緣。隋朝之前的北周武帝時期（西元五六〇至五七八年），曾經有過一次滅佛運動；官方下令毀佛像，寺廟收為國有，出家人則均被勒令還俗，還俗僧人達三百萬人。到了隋朝開國之後，楊堅大力推行佛教，意欲復甦前朝的破壞，並推行以「正法治國」的理念。

隋文帝在位的二十四年間，每年幾乎都有關於奉佛的詔書，內容包括剃度僧尼、建塔寺、撰經論與立法度，並明定禁止毀壞佛像，也會召僧人入宮講經說法。

根據研究統計，隋文帝在位期間，國內有三千七百九十二所寺院，剃度的僧尼高達二十三萬人。隋煬帝繼位之後，也沿襲了這樣的方向，繼續建造了一百九十三所寺院，以及剃度六千二百位僧人。

鑑於前朝因為僧侶人數過多，導致規矩蕩然無存，滋生了許多社會問題，進而引發了「滅佛」行動。為了不重蹈前車之鑑，到了隋代便建立了考選制度，進行適當的管理與篩選，每年出家的名額有限。此外，當時想要剃度出家，按國家規定，必須先經過國家舉行的考選，由選舉人員考核，通過者方可剃度出家，再由國家分配到指定的寺院修行，才算是真正入了「僧籍」。

然而，當時陳褘只有十三歲，因為年紀未達門檻，所以不能報考徵選。陳褘心裡十分嚮往成為僧侶，雖然不能報名考選，還是在試場外徘徊，遠遠地觀望。當時的主考官是大理寺卿鄭善果，偶然見到立在門外的陳褘，便感覺這小孩有著非常特殊的氣質；相貌不凡，且流露著一種脫俗的聰慧樣貌，既安靜沉穩又透發著一分堅毅。於是，便把他招上前來問話；先問其姓名籍里，陳褘自是對答如流。

鄭善果見他口齒清晰、毫不怯生，更加覺得為可造之材。遂問他何以在此徘徊，是否也想要剃度出家？陳褘恭敬而堅定地回答「是的」。然而，也隨即表示，因為年紀尚輕的緣故，未達徵選的門檻。鄭善果見他知書達禮的模樣，更是讚賞地點了點頭，隨即提出一大哉問——

問：「出家意何所為？」

答曰：「意欲遠紹如來，近光遺法。」

鄭善果問陳褘為何想出家，陳褘的回答展現出其宏大的抱負：因感佩佛法深刻，願繼承如來的精神，弘揚佛法，以廣度眾生。

鄭善果聽了陳禕的回答，心中甚為讚歎，覺得這孩子的確不凡。研讀佛經的人才並不難找，佛門中卻難得這般志向遠大、智慧深邃的人才，這孩子將來必成大器，要是因為規定而錯失了這樣的人才便太可惜了。於是，遂破格讓陳禕參加選拔，並順利地入選為僧人。

於是，陳禕便在十三歲那年正式剃度出家，法名「玄奘」。

玄奘法師出家後，一樣留在淨土寺與其兄長一起學習，其表現果然沒有讓主考官鄭善果失望。在淨土寺學習期間，先是與慧景法師學習《涅槃經》（Mahāparinirvāṇa Sūtra），又與嚴法法師學習《攝大乘論》（Mahāyāna-samgraha）。玄奘法師不僅天資聰慧，又肯努力學習，再加上對佛法的深心喜愛，使得他全幅身心投入，經常廢寢忘食，一讀就是通宵達旦；因此，在很短的時間內，對佛經義理的理解便進步神速。

後來，經常是聽授課法師講完一遍，便能融會貫通且一字不漏地講述。其他僧眾引以為奇，遂請他升座講經，而玄奘法師也能在講臺上充分闡揚經義。很快地，玄奘法師的大名就在僧俗二界傳開，這是他不過才十三、四歲時候的事。

動盪中學習不輟

因為隋煬帝即位後好大喜功，又是三征高麗、又是修築運河，民怨漸漸累積，種下了隋末農民起義的火苗；大業七年（西元六一一年），終於爆發了大規模的動亂。

之後，是長達七年的動盪。直到大業十四年（西元六一八年），隋煬帝被殺，李淵在長安開國，開始新的朝代——唐朝，動盪才告一段落，真正進入近三百年大一統的大唐盛世。

玄奘法師出家前後的時段，正好是隋朝末年，時局又開始陷入混亂。朝廷內外一片混亂，農民起義、天下群雄並起，社會秩序迅速崩壞，中原又再次陷入混亂的局面。起來反抗的勢力，以李淵、李密和王世充三股勢力最大，分別盤據在太原、洛陽等地附近。為了爭奪糧食，經常與隋軍爆發衝突；民間由於糧食不足又秩序崩壞，盜匪暴民也到處流竄。

玄奘法師身處的洛陽城附近一片混亂，許多暴徒盜匪四處盤據，往日的首都淪為匪人的聚集地。城內郊外，到處可見被搶、被殺的屍首白骨，存活的人民也因為連年戰亂又處在饑饉邊緣。玄奘法師意識到，洛陽淨土寺恐怕不是可以繼續靜修學習之地；雖然陳留、洛陽一帶是父母之鄉，但死守恐怕會淪為無謂的犧牲，便與兄長商量要離開避禍。

因為聽聞晉陽（今山西太原）留守（官名，鎮守當地）李淵已經攻佔長安，且聽說他是一位有才德的領袖，對待百姓如子女一般，使得百姓也從四方如投奔父母般歸順於他，便打算也要前往長安。於是，十六歲的玄奘法師與其兄長長捷法師，便於西元六一七年離開家鄉，動身前往長安。

兩位法師往西走了近四百公里，一路風塵僕僕，於西元六一八年抵達長安城，安頓在莊嚴寺。

也正是在這年，李淵正式在長安接受隋恭帝楊侑的禪位，建國號為「唐」，是為武德元年，李淵即為後世所稱的「唐高祖」。

玄奘法師原本以為，到了長安王者之都，應該能繼續他修學佛法的道業；然而，此時的唐朝才剛開國，各地都還有戰爭在進行；雖然長安是唐朝帝業開創的根據地，相對來說，民生、治安等方面都比其他地方來得好，但畢竟是開國之初，政治、軍事等方面更加被需要，還沒有餘裕發展文化、宗教或教育等事業。因此，長安城裡的寺院既沒有講席的設置，也沒有法事的舉辦，更沒有尊宿大德可以請益學習。

玄奘法師再次意識到，此時的長安並不適合停留；於是，又跟二哥長捷法師提出建議要前往蜀地。他們聽說，東都洛陽的許多名師高僧都到了綿蜀之地（今四川綿陽和成都）；玄奘法師認為，前往西蜀，定能獲得更好的學習。

就這樣，玄奘法師與二哥長捷法師又離開了長安，繼續往西南前進，從長安西南秦嶺山中的子午谷通過。子午谷是古代從關中通往漢中的一條谷道，北方出口稱「子口」，南方出口稱「午口」，長達三百多公里。通過子午谷來到漢川郡（今陝西漢中、四川南江縣及旺蒼縣東部），恰好遇見空法師（記載上為簡稱，不知法師的法號全名）和慧景法師。

慧景法師便是玄奘法師當初在洛陽淨土寺教授《涅槃經》的師父，兵荒馬亂之際在異地相逢，備感欣喜；於是，玄奘法師二人便暫停在漢川郡一個月，一方面向兩位法師請益，另一方面也為進西蜀做準備。有道是「蜀道難，難於上青天」，雖說作此詩的李白此時尚未出生，但大抵也能透過此詩感受到蜀道的不易。因蜀地四周有高山峻嶺等天險，出入並非易事，進入蜀地往往需要更多準備。

在漢川郡停留一段時間後，空、景二位法師決定與玄奘法師結伴共同前往四川。在旅途中，玄奘法師也沒有落下功課，仍然把握著每個可用的時機向兩位大師求教解惑，並在旅途中聽完兩位法師講解《攝大乘論》和《阿毗曇論》（Abhidharma-samuccaya）。可謂，有佛法之處便有依歸，處處皆可是道場。

從長安到成都路途長達九百公里之遠，是洛陽到長安的一倍有餘。或許是青年時這些長途跋涉的經歷，讓玄奘法師對於長途遠行有了些許經驗與適應，日後方能不因艱難而退卻。

如此，當玄奘法師一行人抵達成都的時候，時間又過去了一年了，來到武德二年（西元六一九年），玄奘法師十八歲。四人起初住在多寶寺，玄奘法師與長捷法師之後則住到了空慧寺。

由於四川在地形上四面受到環山阻隔，形成自然的天險，又地處西南偏隅，中原雖然動盪，卻沒有波及此處。加上四川盆地肥沃，物產豐饒，素有天府之國之稱；在朝代更替的動亂時段，居然也能自給自足獨享太平，彷佛世外桃源一樣。因此，四方集來此地的僧侶眾多，一座道場經常可以住上百位的僧人，使得此地精神文化活動十分熱絡。

玄奘法師在成都期間，先後向道因法師學習《維摩詰經》和《攝大乘論》，也向道基法師學習《攝大乘論》，又向寶暹法師學習《阿毗曇論》，並從道震（振）法師師習《八犍度論》（《阿毗達磨發智論》〔Jñāna-prasthāna〕的舊稱）。

玄奘法師學習佛法孜孜不倦，經過兩三年之後，這些經書的義理都已嫻熟於心，還能提出他個人獨特且精微的見解，更能深入法義、發人省思。於是，在一些宣揚佛法、講經論道的場合，都特別能讓聽眾信服。

兩年後的武德四年（西元六二一年），玄奘法師二十歲時，他的名氣已經響遍吳（今江蘇、安徽一帶）、蜀（四川一帶）、荊（今湖北、湖南一帶）、楚（今江浙、江西一帶）等地方。只要是對佛法有興趣或有信仰的人，莫不希望能聽聞玄奘法師講經說法。

萌發西行之心

武德五年（西元六二二年），玄奘法師已滿二十歲，在坐夏之前正式受了具足戒。隨後，在結夏安居的三個月裡（五月十六至八月十五），正是排除雜務專心修禪與精進的珍貴時段。受了戒之後，便需要開始學習律法；所以，那年的整個結夏安居時段，玄奘法師都專心一志地向戒行嚴淨的大德尊宿學習戒律；空餘時間，則自己體悟戒律的精神、宗旨與內容。

經過三個月的修習，他對於戒律已經沒有任何疑惑了。住在蜀地的兩三年間，玄奘法師也與蜀地的眾多名師大德周遍請益，蜀地中的經論基本上他也都已經研讀完畢。然而，玄奘法師還想要學習更多。於是，前往長安的想法又再次在玄奘法師心裡生起。

那年的結夏安居結束之後，玄奘法師找了兄長長捷法師商量此事。然而，彼時已經過了八月中秋，時節寒涼，轉眼便要冬季了；長捷法師以為，天寒地凍不利出門遠行，加之天下也仍未太平，便不贊同再次前往長安之事。

此外，還有一件事也阻撓著玄奘法師出行。唐初因為天下尚未完全平定，為了防範邊關以及控制剩餘的反叛勢力組織與暴民等，制定了律法：凡是行人車馬要度過關隘或渡津，都需要有「過所」，相當於今日的護照或者通關文件；沒有文件者被稱為「私度」，是會遭受刑罰的。礙於這些因緣，玄奘法師只好又停留在成都度過一個冬天。

隔年初春，玄奘法師已迫不及待地想要前往長安繼續深造；加之他聽聞有一位道深法師對《成實論》（Tattvasiddhi）很有獨到見解，現在正在趙州（今河北趙縣）說法，更讓他決定動身出發。

他趁著整個冬天被冰封的時間思考與打探，找到當地經常遠行的商人願意與他結伴並幫助他私度，從水路坐船經長江三峽而下，便可離開蜀地。

就這樣，在武德六年（西元六二三年）初春，玄奘法師告別了自小照顧他的兄長長捷法師，離開成都，正式踏上了獨自求法的旅程，時年二十二歲。他當時也許還未曾料到，此次與兄長離別，也將是此生最後一次見面。

玄奘法師求法的意志、成大事者的不拘小節與不凡的勇氣，在此已然展露。長江三峽以險峻著稱，連熟悉水性的人都不見得在面對滔滔長江時不感到恐懼，生長於北方的玄奘法師應該更加不熟悉水性。在平坦寬闊的江面固然相對安全，但身在茫茫不見兩岸的大水中浮沉，內心的不安是可以想見的；畢竟，古時可不是堅固的鋼鐵輪船，只是木船而已。更不用說，在湍急澎湃的峽谷地形，那震耳欲聾的水聲、千變萬化的河道水勢，足以讓人膽戰心寒；萬一不慎落入水中，必定有去無回。

為了求法，毅然決然地獨自踏上不熟悉的水路，這背後需要多大的無懼之心！書上僅用簡短的一句八字「汎舟三峽，沿江而遁」淡淡帶過；但這當中的驚險、艱難和勇氣，是遠遠超過這八個字可以乘載的。

順著長江而下，法師第一站來到的是荊州（今湖北江陵），住在荊州的天皇寺。從成都到湖北江陵，相距一千多公里。

此地的人們早已耳聞玄奘法師的大名；知道玄奘大師來到此地，莫不殷勤接待，並且懇請玄奘法師登壇講法。眾人既有求法之心，玄奘法師自然也就欣然說法，讓法輪持續轉動。於是，玄奘法師便留在荊州四個月，為大家說《攝大乘論》和《阿毗曇論》，兩部經都各說了三遍。

當時駐守荊州的是宗室漢陽王李瓌（音同「歸」），也是佛門弟子。聽到玄奘大師到來十分欣喜，親自以禮款待，並在玄奘法師說法開始的時候，也帶領屬下一起去聽講。

開演經典的過程中，即便現場聽眾提出看似很艱難的問題，玄奘法師也都能一一答覆，並引領問者看見問題的核心。聽眾都因為聽到深妙的法義而感到法喜充滿，熱淚盈眶。講座結束後，眾人給予非常豐厚的供養，但玄奘法師纖毫不取。

玄奘法師必是深諳佛陀的教誨。《佛本行集經》有云：

諸佛世尊，不尚錢財以為供養；

唯法供養，聖所稱譽。

也就是說，最好的供養便是法供養。大眾若在聽聞法義後能如理思維、如法而行，安頓自己的煩惱苦痛，甚至帶給身邊的人這些法藥，這便是最好的供養。想來，玄奘法師也是這樣教導大眾以及如法而行的。

離開荊州之後，玄奘法師開始向北而行，想要到趙州（今河北）去。途中，經過相州（今河南安陽），因為向當地的高僧慧休法師學習《雜心論》（《雜阿毗曇心論》〔Saṃyuktābhidharma-hṛdaya〕的簡稱），又向他請教《攝大乘論》的不同見解，而停留了八個月。離開相州後，玄奘法師繼續往北，終於來到了趙州，如願拜謁道深法師學習《成實論》。從荊州到趙州，又是一趟一千公里的路程。

如此一邊學習、一邊行走，等到玄奘法師從趙州離開，再一次行走了將近千里抵達長安的時候，已經是武德八年（西元六二五年）。

此時距唐朝開國已經八年了，彼時的長安比上一次玄奘法師來的時候更加穩定且熱鬧。長安是當時世界上最大的城市，從歷史的文獻記錄可以看到，唐朝長安城的規格是東西長九七二一公尺，南北八六五一公尺，周圍三十六公里，城內八三〇〇公頃（八十三平方公里），而古代羅馬城最鼎盛時期，佔地也不過十三平方公里。可見長安城規模宏偉之驚人程度。

再加上前面三百年的胡漢大融合，長安城裡可見來自各地的人；因此，商品、食物、藝術、舞蹈、繪畫、服飾、金屬工藝、語言等也都是多元而豐富。對玄奘法師而言，可說有很大的幫助。

在長安期間，玄奘法師住在大覺寺，與道岳法師學習《俱舍論》（《阿毗達摩俱舍論》〔Abhidharma-kośa-bhāṣya/śāstra〕的簡稱）。長安當時有兩位有名的高僧——法常法師和僧辯法師，兩位研究二乘，精通戒、定、慧三學，玄奘法師也跟他們師習《攝大乘論》。由於玄奘法師過去已經熟讀過此經，且聽聞過很多法師講解，因此，在長安跟著兩位法師學習《攝大乘論》時，聽一遍便能盡得精髓。玄奘法師的慧敏讓兩位法師非常詫異，感慨道：

汝可謂釋門千里之駒，再明慧日當在爾。

躬恨吾輩老朽，恐不見也。

意思是說，稱歎玄奘法師是佛門的千里馬，二位法師深信將來佛法必定會由玄奘法師來發揚，延續眾生的慧命。可惜他們二位都已經年邁，感嘆無法看見玄奘法師弘揚佛門的那天了。

經過兩位宿德的稱揚，大家都對玄奘法師更為崇敬，玄奘法師的名氣也就更加遠播，整個長安城無人不知、無人不曉。

然而，經過了這些年向這麼許多法師請益，雖然盡得他們的精髓，玄奘法師卻逐漸感到越來越困惑；內心中累積的一些疑問，無論如何請益、討論，始終橫亙在前，難以跨越。各家在講經說法時都有自己的一套精妙、各有所宗，但要彙整起來的時候，玄奘法師發現有許多義理怎麼也難以提出一致的解釋。回頭查找經典，卻因為翻譯的問題，以及經過兩次「滅佛」之後，留存的佛經四散且不完整，而無法解決他心中的疑惑。不管再怎麼研讀、苦思、請益，有些問題始終無法突破，得到圓滿的解釋。

玄奘法師對於經法真義的渴求越來越感迫切。他開始在心中萌生了一個想法：也許，唯有到西天看到梵文的原文經典，才有可能真正了解佛陀所教導的法義，找到解答。

玄奘法師從十幾歲開始，便從洛陽到長安，再到蜀地，又到湖北、河南、河北再回到長安。年少的十年間已經走過四千多公里的路途，足跡踏遍半個中國；為了求法而行，或許對他而言已經是很自然的事了。如佛陀所教：「自為洲渚、自為歸處，法為洲渚、法為歸處；無別洲渚，無別歸處。」也許，對玄奘法師而言，在一個固定的寺院落腳並不是他的追求，以法為洲渚、以自身為洲渚，也許更適合他在世間的安身立命。而這次，他開始把眼光投向到更遠的地方——天竺（印度）。

第三章　千里之行起足下——西行

胡公因說：「西路險惡，沙河阻遠，鬼魅熱風，過無達者。……願自斟量，勿輕身命。」法師報曰：「貧道為求大法，發趣西方，若不至婆羅門國，終不東歸；縱死中途，非所悔也。」

玄奘法師因為在中原到處探訪名師，已經把所能學習的經論都學習遍了。但是，不同的大師講解之間竟有互相矛盾之處，漢譯的經典又因為翻譯與四散殘缺之故而無法探知原意，使得玄奘法師心裡積累的疑問越來越多，希望能得到解答的渴望也越來越強烈。

夢兆預示

因此，玄奘法師對於過往西行求法的高僧古德的慕仰之情益發濃厚；法顯大師、智嚴大師們的榜樣在前，他們為了眾生不辭千里、西行求法，才有後來得以讓世人聽聞、思量、修行的漢譯經典。玄奘法師心想，有為的佛門弟子應當繼續效法高僧古德的精神和事蹟，到西天去求法來廣度眾生才是。此外，玄奘法師對《十七地論》（即《瑜伽師地論》〔Yogācārabhūmi-śāstra〕）也慕名已久，非常渴望藉由西行求法將此論帶回中原。

貞觀元年（西元六二七年）的時候，玄奘法師曾經與一些志同道合的佛門友好上表請願，希望能到天竺取經求法。然而，當時由於天下初定，為了鞏固邊防，朝廷規定最遠西行只能到玉門關，任何人禁止出關，眾人只得作罷；唯獨玄奘法師不死心，又上書了幾次。但太宗詔令，僧俗除非有公務在身，否則不能遠行；因此，之後的幾次上書基本上都是石沉大海。玄奘法師依舊沒有放棄的意思，只是一直在盤算與思量應該如何行動。

貞觀二年秋天的某個夜裡，玄奘法師做了一個奇特的夢——大海中出現一座巨大的須彌山，須彌山的四面為四寶所成——金、銀、琉璃、玻璃，非常雄偉莊嚴。此時，玄奘法師興起了想要登上須彌山的意念。

忽然間，四周的海水開始翻湧，掀起了驚濤怒浪。玄奘法師四顧，無奈找不到任何船隻或者竹筏。然而，玄奘心裡並沒有退卻或恐懼，仍然堅定地想要前往須彌山。

這個時候，他的腳下忽然湧現出石蓮花，隨著他每踏出一步就出現在他腳下。他好奇地回頭觀看時發現，當他的腳離開水面以後，石蓮花便隨著他的足跡消失。

有了石蓮花的幫助，玄奘很順利地通過大片翻湧的海水走到須彌山的山腳下。在須彌山下，他抬頭仰望，須彌山山體璀璨炫麗，流動著七彩的祥和光芒。然而，須彌山如此險峻高大，無處可以抓撐或踩踏攀登。於是，玄奘便試著躍身向上。

就在他跳起來的時候，忽然吹來一陣非常強勁的風，將玄奘吹了起來。玄奘感覺自己身體一輕，彷彿被風托著一般，在空中輕飄飄地飛騰，不一會兒便上了須彌山頂。他站在頂上四面環顧，沒有看見任何障礙物，感覺非常地遼闊而殊勝……

這個夢讓他想起幼時曾聽過的一件事。傳聞玄奘大師的母親在懷他的時候，便夢見過奇特的夢境。她夢見她的兒子身著一襲白衣走向西方，她趕忙追上前去問道：「我的兒啊！你要去哪裡？」兒子回答：「為了求法的緣故，我要到西天去。」也許，在當時便已經徵兆著玄奘法師將西行之事。而那一夜再一次的祥瑞夢兆，或許便是象徵著諸佛菩薩的加持應允。

這些夢兆讓玄奘法師覺得心中再也沒有任何懸念，下定決心開始計畫他的西行之旅。時年，玄奘大師二十七歲。

冒險闖關

該年秋天，河南至長安一帶遭遇了霜害，導致穀物歉收，皇上下令疏散僧俗等民眾到災情不嚴重的地方。剛好，有一位在長安旅居學習《涅槃經》的秦州（今甘肅省武山縣以東的渭水上游地）僧人孝達，正準備要返回家鄉；於是，玄奘法師就趁著這個機會，與孝達和尚結伴往西前往甘肅。

到了秦州之後，遇到了要回蘭州的旅客；於是，玄奘法師又與這些旅客結伴前往去了蘭州。到了蘭州，遇到涼州（今甘肅武威）的客商要送官馬回涼州；玄奘法師再次把握機會，與他們結伴而行，終於到達涼州。

涼州乃出西域前的最後重鎮，是商隊前往蒙古或是塔克拉瑪干沙漠的起點，玄奘法師終於走到了邊界。此地的樣貌已經與中原大相異趣，山上只長著乾草而不長樹，山體嶙峋，拔地而起。樹只長在平地，接近河流水域的地方才有蔥綠可愛的草地；其他地方，極目所見，盡是莽莽蒼蒼的乾燥黃土，沙塵頗厚，象徵著西行之旅的大門就在眼前。

玄奘法師在涼州停留了一段時間等待機會，打探西進的消息並同時準備西進的物資。當地僧俗自然不會錯過這個難得的機會，紛紛邀請玄奘法師升座講法。於是，在停留期間，玄奘法師也沒有停止法輪的繼續轉動。

由於涼州是通往西域的門戶，往來的各國商旅絡繹不絕，來聽玄奘法師講座的人也來自四面八方。當他們聽完玄奘法師的開演，莫不感動地流淚、法喜充滿。除了給予極為豐厚的供養之外，也紛紛表示，希望玄奘法師西行之時，能經過他們國家講經傳法。也因此，玄奘法師要西行取經的事，已由這些商賈先行帶到西域諸國；是以，後來玄奘大師到達西域諸國時，西域諸國的國王早就都望風企盼，深切表示歡迎。

巨額豐厚的供養，玄奘法師只留下一半做為西進途中燃燈供佛的資糧與生活必需品，剩餘的則分給涼州的各寺院。或許是因為持續行腳的生命歷程，早讓玄奘法師打從心底體會錢財皆為身外之物的道理。畢竟，活著的時候，帶得走的也只有背上背得動的；死後能帶得走的，更只有智慧功德和福德資糧而已。資源給需要的人、做有益眾生的事，方為資源與財富的真正意義。

雖說玉門關是大唐最西的疆界關防，但不是將士官兵或有公務在身之人，是無法接近玉門關的，涼州已經是一般百姓最後的界線，嚴禁百姓擅出。當時，涼州守關的都督李大亮是一個嚴格不阿的將官。他接到密報，有一位來自長安的僧人正在涼州企圖闖關出境潛往西域；李大亮深恐違背禁令，便傳訊玄奘法師，嚴令他必須得返回長安，不可再西進。

經過這次傳訊，玄奘法師大概意識到，自己如要闖關就必須低調，不可再到處傳布他想要到天竺取經的事；否則，恐怕連關防都出不了就會被解送回長安。但是，到底該如何通過涼州關防順利出境，玄奘法師仍舊一籌莫展。

幸好，當時在河西走廊的僧人領袖慧威法師知曉此事之後，十分佩服玄奘法師西行求法的勇氣和志向，於是特地派了兩位他的年輕弟子——慧琳和道整——來協助玄奘法師。

畢竟是在地人，對於涼州的地形都熟悉，知道怎麼避開官府的追查。於是，在兩位法師的幫助下，一行人晝伏夜出，玄奘法師才終於順利從涼州闖關成功，一路沿著河西走廊繼續向西，經過甘州（今張掖）來到了瓜州（今甘肅省敦煌附近的瓜州縣）。這可以說是玄奘法師第一次闖關成功，也象徵著邁出西行的第一步。

從涼州潛出之後，往西一路基本已是黃土礫石遍地的乾燥地帶，一片荒涼，少有人煙，與中原大異其趣。太陽火辣辣地罩頂，毫不留情，無處可以遮蔭，身上感覺都要熱得冒煙了。空氣也十分乾燥，口鼻、皮膚經常乾燥得彷彿要裂開一般。往西南方向望去，則是高聳連綿的祁連山脈，赤裸裸的土巖山體，在寬廣的天地間綿延矗立，氣勢磅礴，少了樹林的層層被覆，多了分西北地域的樸實強悍。有時遇上雪雨天，便能看見祁連山上白頭一片，在黃土乾草的蕭索中又增添了通天的不凡之感。幸好有祁連山脈上的雪水化成的流水，形成幾處大綠洲，在一片黃沙乾燥當中，如同塞上江南；但是，沿途礫漠的貧瘠還是讓人馬都難以消受。

好在有慧琳和道整法師的帶領，才能成功完成這趟七、八百公里的路程。然而，在抵達瓜州前不久，玄奘法師的座騎還是不幸暴斃；畢竟，旅途實在太艱辛了。

瓜州刺史名叫獨孤達，大概是還沒收到官方對玄奘的追緝通知，聽到玄奘法師到來，十分歡迎和喜悅，虔誠地供養接待。當玄奘法師詢問要去西域、天竺的路線時，他也讓熟知路線的臣民仔細地向玄奘法師講解。玄奘法師收到的訊息是這樣的：

「這裡往北有一條河叫做瓠𬞟河（葫蘆河），它的河道下游很寬、上游窄，河流非常湍急且水深，沒辦法橫渡；必須要到上游的玉門關處，才有辦法橫渡過去。玉門關是大唐的西疆大關，在關外往西北走，還有五座烽火臺，每個臺相去百里，中間沒有任何水草，只有烽火臺下有水源，但烽火臺上都有重兵部署。過了第五個烽火臺再往北，就是莫賀延磧，再過去便可達伊吾國境（今新疆哈密）。」

瓜州，便是進入大沙漠前的最後補給站。

玄奘法師聽完這段話，臉上不由得蒙上一層愁雲慘霧。先不說這樣嚴苛的沙漠環境，能不能活著度過是一番考驗，還需要防範被官兵誤殺或被發現而遭遣返長安，著實是一趟不易的旅程，該如何是好呢？而且，兩位原本陪伴他的法師，此時都無法再繼續陪他西行了，他甚至找不到人引路、伴行。

還在躊躇之際，雪上加霜的是，涼州傳來了官府的「密牒」，通知瓜州的州吏李昌，玄奘乃私闖出境之事；密牒上明文指出：「有僧字玄奘，欲入西蕃，所在州縣宜嚴候捉。」也就是通知各地方官員注意名為玄奘的僧人企圖偷渡出境，各州縣須嚴加緝查、抓捕歸案。

李昌接到這份密牒之後，立刻找到玄奘，問他是不是就是密牒上所說的僧人。玄奘法師面對李昌的詢問，感到十分地為難；一方面，出家人不可打妄語；另一方面，如果如實坦承，恐怕就要被遣返長安，西行求法之路就硬生生中斷了。這戒律功德和眾生的大利益兩邊，著實難以抉擇，故而玄奘法師當下不由得遲疑語塞。

州吏李昌似乎看出了玄奘法師的為難，於是又說道：「玄奘大師，實不相瞞，弟子仰慕您已久；您只需說實話，弟子自有辦法幫您。」原來，李昌竟是一位虔誠的佛弟子。玄奘法師聽完，不禁鬆了一口氣；真的應驗了那句俗話，只要真心誠意，天地都會共同來幫助。在李昌的善意下，玄奘法師如實地全盤告知西行計畫。

李昌聽完說道：「大師的志向令人感佩，我必然要助大師一臂之力。所謂成大事者不拘小節，就讓弟子護您出關吧！」說完，就當場把密牒撕碎。「大師，請您及早出發吧！」李昌恭敬地長揖之後便離開了。

這一關是過了，但還是尚未找到人幫忙引路，此時又不能再拖延了；畢竟，官府不知何時會再追緝過來。滾滾黃沙的地平線，遠處天邊一陣一陣地捲起沙帘，掩蓋了落日，更顯得蒼茫，也好似反映出玄奘法師一籌莫展的心情。

無計可施之際，玄奘法師信步來到所停留的寺中彌勒像前，不覺地就在像前跪倒祈請，希望能有一個人引他渡過關防。

翌日，同住在寺院的胡僧對玄奘法師說，昨晚他做了一個奇異的夢，夢見玄奘法師坐在一朵蓮花上向西方而去。玄奘法師一聽，深覺這應該就是菩薩給的瑞兆，心裡不禁暗暗欣喜。果然，這日寺院裡來了一位前來禮佛的胡人；而且，這位胡人不知何故地在玄奘法師身邊繞了兩三圈。

玄奘法師於是向前詢問；這胡人自稱為石槃陀，想找法師幫他傳授五戒。玄奘法師應諾，隨即為他傳授五戒。受了戒後，石槃陀燦笑欣喜地離開寺院；不一會兒，他又提著餅乾和果乾等物前來答謝玄奘法師。

玄奘法師見他虔誠恭謹，又長得高大魁武、身強體壯，且是西域之人，與許對路線知曉，便告知石槃陀意欲西行之事，問他是否願意引路。石槃陀聽完之後當即應允，答應幫玄奘大師引路，通過五座烽火臺。玄奘法師自是喜不自勝；終於，過玉門關引路之事總算有了著落。

曠野孑然

想像玄奘法師所置身的沙漠的黃昏：掛在天邊的紅日正一點一滴地接近地平線，晚霞五顏六色，沒了白日時那種張牙舞爪的氣焰，剩下斑斕的絢麗；晚風吹起沙粒，竟似夾帶了一絲涼意，反而顯得格外蒼茫。

這日此時，便是玄奘法師跟石槃陀約好要出關準備橫渡大沙漠的時刻，玄奘法師在約定的瓜州關外不遠處的草叢等待。昨日在寺院遇胡人石槃陀，並答應要幫玄奘法師引路過五座烽火臺之後，玄奘法師隨即幫他備齊了衣物和馬匹，約好了隔日日落時出發。

夕陽漸漸落下地平線，剩下天邊的一抹白，天上露出稀微的點點星光。遠遠出現了幾個點大的模糊身影，是石槃陀牽著玄奘法師買給他的馬，以及準備度過沙漠的物資，依約前來；此外，身邊還帶了一位騎著一匹棗紅色老馬的老胡人。玄奘法師略帶疑問地看著老胡人，石槃陀趕忙解釋道：「大師！這位老人對前往西方的路很熟，他曾經往返伊吾國三十多趟，所以我將他帶來，希望他能給我們一些建議和指點。」

老人向玄奘法師恭敬地合十致意，然後說道：「大師！前往西域的路途極為險惡，一望無盡的沙漠，崎嶇漫長，難辨東西；烈日曝晒、勁風裂膚；一旦遇到鬼魅或是熱風，那更是難以有人倖存。即使是許多人組團一起行走，也常常會迷路而失道；大師如此單薄地兩人共行，恐怕走不到目的地啊！所以，還請大師您再審慎地考慮一番，切不要輕易地將生命拿來冒險！」

玄奘法師聽完，內心明瞭石盤陀此舉之意，只是溫和而沉定地答道：「多謝老先生的好意勸告，我明白此去路途的艱險。不過，我心意已決，為了求法而發願西行，不到天竺我是不會回頭的；即使在中途不幸殞命，我也不會有任何後悔。」

老人聽完，心中也油然生起了敬意。低頭思考了一會兒，便說：「大師的志向與勇氣令人佩服，既然大師去意甚堅，老朽願為您日夜祈禱，願您平安度過大沙漠。此馬跟隨我來往伊吾國已經十五餘趟，如果大師定要前往，便請務必騎乘老朽的這匹老馬，有道是老馬識途，在危難時應能幫助您。您現在所騎乘的馬是一匹年輕的馬，沒什麼經驗，恐怕無法勝任穿越沙漠的艱鉅途程。」說罷，便把所騎乘的棗紅色老馬牽給玄奘法師。

牽過這匹老馬的時候，玄奘法師忽然想起了一件事。

當時在長安發願要西行之時，曾經找過一位占卜的相士請益西行之事。相士當時向法師說明占卜的結果是，大師要西行是可以的；只是，西行之時，務必騎乘一匹紅色的老瘦馬，馬上安有一副上漆且裝飾有鐵的鞍。

玄奘法師憶起相士的話，於是將老人的馬牽過來細看了一下，果然是一匹棗紅色的老馬，而馬背上的馬鞍也與相士所說應驗。玄奘法師心下了然，佩服相士的準確，也暗自在心中對西行更加無疑。於是便牽了自己準備騎乘的馬，與老人換過座騎。再次祝福過玄奘法師之後，老人便與法師告別後返回了。

就這樣，玄奘法師趁著星夜，與石槃陀二人往上游走，開始了大沙漠之行的挑戰。

玄奘法師的勇氣和決心著實讓人佩服；面對即將到來的艱困旅程，能如此置生死於度外，真是世間少有。或許，玄奘法師已經非常清楚知道，人生在世，若不能以此身體做一些有益慧命與眾生之事，也只是在將養這具臭皮囊、造更多惡業而已，不足為惜。

然而，玄奘法師有這樣的決心與勇氣，有廣大的弘願在內心支撐著他面對一切困難，置生死於度外，石槃陀卻未必有。我們不妨藉由角色交換的方式來試想一下石槃陀的處境，便能體會他的心理狀態，也就更能理解接下來他的行動與反應。

石槃陀本來只是到寺院去找法師幫他授五戒，受了五戒後開開心心地買了餅乾果乾來答謝；想不到，幫他受戒的法師問他能不能幫忙引路越過大沙漠。也許是受了五戒後一時的欣喜，也許是並未細想就稀裡糊塗地答應了，並且約在隔天便要出發，時間上可說是非常倉促。

只是，石槃陀回家沉澱了一晚，冷靜下來的他，發現他答應下了一項非常艱鉅的任務，甚至有高度的生命危險。除了需要越過幾百里的大沙漠，還因法師是偷渡出關的身分，必須偷偷到烽火臺下取水，無論在環境上或處境上都極為冒險。因此，他帶來老胡人試圖勸退玄奘法師；然而，玄奘法師卻不為所動。

石槃陀的勸退計畫失敗，卻因先前的承諾多少有點騎虎難下，不忍在緊要關頭丟下法師一人，只得硬著頭皮跟著玄奘法師出發。

大約到了夜半時分，遠遠地便看見了玉門關佇立在銀白月光下，既蒼涼又巍峨；巍峨的是邊防的將士守衛家國的堅毅，蒼涼的是年年歲歲與家人分開的悲苦。

遠遠越過玉門關再往上游走一段，果然發現河流只剩下一丈寬（約現在的三公尺）。石槃陀砍下河畔邊的樹，再用草和沙填補縫隙，做成了一座便橋，讓馬可以從上面走過渡河。渡河之後，玄奘法師一行二人，按照計畫在樹林間休息。玄奘與石槃陀在距離彼此約五十步的地方，各自找了一塊地方鋪上被褥安寢。

然而，可能是面對前方幾百里死亡流沙，石槃陀再也無法遏止自己內心的恐懼。史料的記載是：「少時，胡人乃拔刀而起徐向法師，未到十步許又迴；不知何意，疑有異心。」意思是，石槃陀在這夜不知何故，竟然偷偷拔刀走向玄奘法師；但是，走到將近十步的地方停住了，又返回自己的臥褥。

由這些行為或能看出他內心的掙扎：不知道該如何向法師開口，說他不願意再向前。有過想挑戰某些高難度活動、例如高空彈跳或高山縱走經驗的人，也許頗能體會這種心情，要邁步或出發前一定有過無數次想要打退堂鼓的念頭。像這般沒有經驗、面對的是挑戰極高的沙漠路線、而且還冒著被捉拿的危險，這樣忐忑反覆的心情可以說是很正常的。

玄奘法師也察覺到了石槃陀的異樣，於是起身持誦「觀世音菩薩」聖號。也許，慈悲的玄奘法師心下明白，大沙漠的環境如此嚴苛，一般人若沒有足夠的定力，很容易引發內心深層的恐懼和錯亂；於是持誦「觀世音菩薩」聖號，祈請菩薩施予二人無畏。石槃陀焦躁的心好像也在聖號中逐漸被洗滌，兩邊遂相安無事一路到天明，度過了偷渡出關後在沙漠裡的第一個詭譎之夜。

天漸明後，黑暗裡詭譎不安的沙漠，又恢復成清新的樣子。就在玄奘法師過去喚醒石槃陀，準備要取水漱洗、整裝出發的時候，石槃陀終於按捺不住，對玄奘法師說：「大師！前面就是大沙漠了，幾百里路都沒有水草，只有烽火臺下才有水，必須晚上偷偷前去，一旦被發現必死無疑，這路程實在太危險了！大師，不如打消西行的念頭，我們還是回去吧！」然而，玄奘法師依舊不為所動。

石槃陀著急了，竟然拔出刀試圖用武力威脅玄奘法師，玄奘法師仍然安然堅定地不動。石槃陀大概是失算了，玄奘法師面對死亡的大沙漠都不懼怕，又怎麼會受他的手中刀威脅呢？石槃陀無可奈何，只得哀告玄奘法師：「大師！我不能再向西走了。我家裡人多，要是在沙漠中回不去，或是觸犯了律法，我就沒辦法照顧我的家人了。我們一起回去吧！」

然而，玄奘法師依然非常堅定他的西行之願。我們很難想像，要有多強大和堅毅勇敢的心，面對死亡險阻才能這般不動如山。玄奘法師在了解到石槃陀的恐懼與難處之後，便讓石槃陀自行回去；他決定，就算沒有石槃陀的陪伴，他也要獨自前行。

石槃陀也許是被玄奘法師的堅毅和大膽驚呆了，很難想像有人這樣的無懼無畏。於是，石槃陀大概又想到了另一種說法：「大師，您一個人可能根本走不到伊吾國的，這太冒險了呀！您要是被捕，我豈不是也受到牽連？還是跟我回去吧！」哪知玄奘法師的心依舊如金剛一般，只是溫和地答道：「你不必擔心，就算我被捕後粉身碎骨，也不會把你供出，牽連到你的。」

石槃陀再也沒有辦法了。面對有去無回的大流沙，他實在沒有勇氣再繼續前進；於是，只能悵然地跟玄奘法師告別，獨自返回來路。

我們也許不必把石槃陀想成自私自利或者心懷不軌；石槃陀除了自身的恐

懼之外，或許也在用他的方式阻止法師送死；因為，在他心裡，這幾乎是一項「不可能的任務」。然而，終究沒能勸止玄奘法師。

於是，就這樣，玄奘法師隻身一人，踏上了西行之路。此時已是貞觀三年初，玄奘法師二十八歲。（註一）

越烽火臺

廣袤熾熱的沙漠裡，剩下玄奘法師一人踽踽獨行。沙漠的白日裡，氣溫最高可以高達攝氏五十度以上，晚上則可能降到十度以下，日夜溫差高達攝氏四十度，是非常惡劣的環境。而且，除了折磨人的氣溫，連續在這樣的烈日下曝晒前行，更磨人的是精神壓力。越深入沙漠地帶，不時就能看見前人遺留的骨骸，在沙漠中任由風沙吹打；遠離親人及故鄉的朝天白骨，彷彿在無言地訴說著什麼。玄奘法師經過時，默默地念經為他們安頓。

玄奘法師獨自走了一段時間之後，不知道是因為沙漠中的烈日曝晒，還是長時間一個人獨行的精神壓力，他開始看見異象——忽然看到遠方出現一大票軍隊布滿沙磧間，一下行進、一下停止；忽然又出現駱駝與馬的形象，然後軍旗的樣子變來變去，如夢如幻，扭曲詭譎；遠遠看來似乎很清楚，靠近時又突然不見了。玄奘法師一開始以為是沙漠裡的盜賊匪人，靠近時他們忽然消失，才知道或許是妖魔鬼怪在作祟。

比起外在的妖魔，心魔是更加難以抗拒的。隻身一人面對如此艱困的環境與恐怖的景象，再加上對前程未知的擔憂，以及乾渴曝晒所逼迫，即便再強大的內心，也忍不住會有所撼動。而且，恐懼是非常容易吞噬人心的；特別是大漠的夜裡，寒意沁人，沒有月亮的時候，四下一片漆黑，伸手不見五指，些許聲響都難免觸動內心最黑暗的神經。

我們不知道玄奘法師如何度過這些內外的挑戰與身心的煎熬；只能想見，那絕對是非常艱辛的過程。若不是長期以來禪修的定力，換作旁人，恐怕早已心神錯亂。

就在玄奘法師也覺得難以堅持的時候，忽然聽到空中傳來慈祥的聲音說道：「勿怖！勿怖！」給了快要被壓垮的內心，再次安定下來的力量。

不久後，終於在地平線上遠遠望見了第一座烽火臺。

由於水和草都在烽火臺底下，玄奘法師只能在距離烽火臺遠遠的地方休息到日落，等到夜幕降臨，才悄悄地靠近取水和割草。

正當玄奘法師用皮囊在取水時，忽然一飛箭「颼」地一聲射在了皮囊旁邊，幾乎射中了玄奘法師的膝蓋。玄奘法師知道是烽火臺上的士兵已然發現了他，趕忙大喊道：「我不是歹人，我是長安來的僧人。莫要射我！」說著，便牽馬走向烽火臺下的城門。守軍從城門走出來一看，果然是一位僧人。於是，就將玄奘法師領去見校尉王祥。

王祥取來火把，仔細端詳了一下玄奘法師後說道：「這並不是我們河西這帶的胡僧，的確更像是京都來的僧人。」於是便問玄奘法師的身分與來意。玄奘法師據實以告後，王祥非常詫異，說道：「玄奘法師不是返回長安了嗎？怎麼跑到了這裡來？」也許，是當初那位瓜州州吏李昌幫忙散布的煙霧彈吧？玄奘法師只得再拿出當初上陳給皇帝的請願書給王祥看，王祥這才相信眼前的僧人真的是玄奘。

王祥有些為難地說道：「前往天竺的路程這麼遙遠艱辛，大師想一人前去恐怕是難以辦到的。何況，我是這裡的校尉，放你偷渡出境有違我的將命。不如，你偷渡到這裡之事，我就不舉報你，但你得讓我送你回敦煌。敦煌有一位名叫張皎的法師，聽說是一位高尚有德的賢人，大師見了一定會歡喜的。」

玄奘法師毅然地說道：「將軍！我生長於洛陽，年輕時即仰慕佛法，無論是兩京附近的大師，或是吳蜀等地的大德，我都不辭千里地去拜訪他們，與他們學習和論道。我並不是意欲成就自己的名氣，才到處拜訪宿德高僧。」玄奘強調他西行求法的目的與決心：

然恨佛化，經有不周，義有所闕，故無貪性命，不憚艱危，誓往西方遵求遺法。……必欲拘留，任即刑罰，玄奘終不東移一步，以負先心。

玄奘法師便是因為當前佛經中的翻譯和義理的不周備，導致理解以及解釋上的困難，才決心前往天竺求法。因此，無論被拘禁或是處刑，都無法讓他違背初心東返！

王祥沒想到，眼前這位看起來溫文儒雅的僧人，居然有這如此慷慨堅毅的勇氣與志向。且不說隻身前往天竺，就算只是單獨穿越這大流沙，恐怕久經沙場、慣於風霜險境的自己，都不見得敢這麼做。玄奘隻身闖關至此，足見其膽識與氣魄；滿身的瘡痍乾焦，也道盡路程上吃的苦頭。然而，過往的沙漠沒有嚇倒他，前方的艱險也沒有讓他退卻，居然回絕了安穩的回頭路。

武人最欣賞這種堅毅無懼的氣魄，當下立刻被玄奘法師所折服，不由得肅然起敬，便恭敬地安排玄奘法師在那裡休息一夜，並允諾隔日一早將親自帶領士兵為大師引路護送。

翌日，王祥果然幫玄奘法師準備好一路上的水草與乾糧，且親自出關護送了十餘里。臨別前，向玄奘法師交代：「大師！沿著這個方向走，就能直接到達第四個烽火臺。第四烽火臺的校尉是我的至親，名叫王伯隴，人非常善良；到的時候，可以跟他說是我指引您去的便可。」說完，恭敬肅穆地與玄奘法師拜別。

這次，有了指引和豐富的糧草，再加上之前的經驗，玄奘法師非常順利地到達第四座烽火臺。本來，玄奘法師不想驚擾第四座烽火臺的將士，擔心又會被留難，所以也是悄悄地到夜半才去取水；哪知，還沒碰到水，一支箭又射了過了，就像在上一座烽火臺那樣，只得趕緊又是一番說明。

第四座烽火臺的校尉果然如王祥所說，非常和善。特別是傳了王祥的話之後，更是歡喜地接待了玄奘法師；不但贈送了糧食、水草，還給他一個非常大的皮袋和馬匹，讓法師有足夠的物資可以橫渡下一段沙漠。

臨別前，校尉王伯隴向法師說道：「大師！第五座烽火臺的守將士兵們脾氣十分粗暴，經常有意外事故發生。您最好不要經過那裡，以免危險。此去一百里處，有一處叫做野馬泉，大師可以到那裡去補充水和草，再過去便可到達伊吾。」說罷，再三殷勤珍重，才與法師拜別。

然而，要能不經過第五烽火臺地繞道而行，便須經過莫賀延磧。

命懸沙河

莫賀延磧，是一片位於羅布泊和玉門關之間的大沙漠，現在稱為「哈順戈壁」，又稱八百里瀚海，亦稱「沙河」。唐朝時，此處以西皆稱「域西」，亦是我們今日常說的「西域」起點。這一帶氣候極為乾旱，年降雨量常在三十公釐以下，是乾燥與剝蝕極強的高原區域，幾乎所有的地面寸草不生。磧（音同「器」），是沙漠的意思，由礫泥和沙礫等堆積物所形成的地形。

這裡的四季都持續不斷吹著強勁的風，造成了大面積的沙山和風蝕脊（雅丹地貌）這種地貌；也就是，除了沙粒以外，會有大片像牆一般的風蝕地貌，一座一座地矗立在沙漠間，像迷宮一樣，增添了詭譎百變氣息。有些風蝕脊非常高大，充滿壓迫之感，像是鬼魅的宮殿，透發著不詳的陰影，讓人感到毛骨悚然。

白天，地面被烈日灼燒，蒸騰而籠罩著一層像煙霧的渾濁空氣，乾涸的土壤摻著沙礫的卵石覆蓋着，其中沒有植物，也沒有動物，甚至連蜥蜴和昆蟲也沒有，路上還到處可以看見騾馬和駱駝的骨骸，讓人感覺不到一點生氣，更似死亡之域。

夜晚，最是可怕。沒了陽光的照明，只剩下自心必須點一盞明燈；否則，一片黑暗，正是心魔活動最好的舞臺。強勁的風吹過曲折複雜的風蝕地形，會發出各種聲響，彷佛是千百個鬼魅在痛苦嚎叫，那聲音會從每個罅隙滲入人的身體，震動身上每個細胞，讓人感覺到肝膽欲裂。

這片沙漠流傳著各種傳說。據說，某位將軍帶兵打仗時，誤闖進這片沙漠，又遭遇了沙暴；在沙暴中的狂風怒號著，逐一呼喚每位士兵的名字；士兵們聽到呼喚，回頭找去，就消失在沙暴中。最後，整隊人馬都消失無影。

莫賀延磧就是一片這樣的地方。

玄奘法師深知這當中的凶險，拜別第四烽火臺的校尉之後，一路不輟地持誦觀音菩薩聖號及《般若心經》來收攝心念，以護心神。在度過沙河時，每每遇到妖物鬼魅化作奇形異狀圍繞四周；一念誦《心經》，這些異象就會消散不見，對於安定心神不受侵擾有很大的幫助。

《心經》之由來則是，之前在蜀地時，玄奘法師偶然遇見一位全身長瘡流膿的病人倒在路邊，孤苦無依又臭穢不堪；玄奘法師見他十分可憐，便把寺院裡的食物和衣服贈與他。病人感念玄奘法師，便將此《般若心經》傳與法師。

在離開第四烽火臺百餘里路後，本該是校尉所說的野馬泉的位置了，卻未見有綠洲的影跡；極目望去，盡是乾燥裂開的大地和蒸騰的熱氣，沒有任何一抹綠進入眼簾。玄奘法師意識到，也許自己迷路了。

雪上加霜的是，玄奘法師伸手去拿水袋時，一個沒拿穩，水袋竟從馬肚子邊滑了下去；本來還可以支持幾日的水，竟然盡數灑到地面上。乾涸已久的地面，像飢渴的野獸一樣，水一灑到地面就瞬間被吸收殆盡，很快就蒸騰成水氣，消散到乾燥的空氣中。

這個意外著實讓玄奘法師頗受打擊，望著地上迅速乾涸的水漬呆立良久，頭上頂著的雖然是烈日，心裡卻如墮冰窖一般寒顫。

既然迷了路找不到野馬泉，又失去了珍貴的水，不如返回第四座烽火臺補給……玄奘法師不禁興起了這樣的想法。但很快地，他又想起當初的誓願：不到天竺，誓不會往東半步。於是，在定了定神之後，咬牙打消了退回第四烽火臺的念頭，繼續持誦著觀音菩薩的聖號往西北前進。

玄奘法師一定很懂得人心的脆弱。退縮的念頭像滲水一樣，一旦開過一次先例，往後就會有無數次，直至讓人徹底沉沒。所以，連一次都不能讓它滲進心裡。

熱氣蒸騰，死寂一片，天上地下都毫無生物的氣息。夜裡，乾渴的舌頭和喉嚨讓人難以入眠；並且，四周有奇怪的鬼火在圍繞閃爍，時而張牙舞爪，時而淒厲嚎叫。白天，時不時會遇到狂風，將沙子吹起半天高，然後像暴雨一樣地砸下來，讓人分不清天上地下，眼睛睜都睜不開。

坦然接受命運之後，玄奘法師心裡雖然不再畏懼，但連續五天、四夜滴水未進，還是讓身體吃盡苦頭。嘴唇早已乾裂，盡是血腥的氣味；嘴裡、舌頭、喉嚨更因乾渴而腫脹不堪，連唾液都乾了。每吸進一口氣，那空氣又乾又熱，每一次呼吸都讓鼻腔和喉嚨疼痛不已，像火在灼燒一樣。缺水導致血液變黏稠，使得身體機能快速地下降，幾乎是命懸一線，無法繼續前進。

玄奘法師虛弱地倒在沙地上，身心都已經到了極限，已在瀕臨死亡的邊緣。玄奘法師艱難地用最後的力氣，向虛空的觀世音菩薩默禱：

玄奘此行不求財利，無冀名譽，但為無上正法來耳。仰惟菩薩慈念群生，以救苦為務；此為苦矣，寧不知耶？

在意識不清的邊緣，玄奘迷迷糊糊、持續不輟地祈請救苦救難的觀世音菩薩，讓他能夠完成西行取得正法的任務，這也是為了顧念眾生……

到了夜半，玄奘然感覺到有一股涼風吹來，讓他全身像沐浴在甘泉裡一樣涼爽暢快。經過這股涼風的吹拂，身心的痛苦漸漸減緩，玄奘法師終於睡著了。然而，法師的深層意識或許仍驅策著他不能懈怠；在夢中出現一座身高數丈的神，揮舞著長戟向法師說道：「你倒在這裡做甚！還不快起來，堅持下去！」玄奘法師被驚醒後，感覺精神恢復了一些，天也亮了。於是，又牽過馬來，十分勉強堅持地向前又走了數里路。

到了某個地方，馬忽然不受玄奘法師的驅策，執意走往某個方向，玄奘法師只能虛弱地伏在馬背上，任由牠馱著。不知道過了多久，居然來到了一處水草豐美、綠意盎然的地方，中間更有一汪清澈潔淨的池水。玄奘法師再也顧不得威儀，將整個頭、整個身體都埋進泉水中，盡情地享用清泉的甘美與潤澤。

或許多虧老馬識途，才找到這處綠洲；又或許是玄奘法師的誠意與發心感通，諸佛菩薩遂慈悲地變現出這處水草來幫助玄奘法師度過此次難關，將一人一馬從死亡邊緣救了回來。

在這處綠洲休息了一日後，精神與氣力都恢復不少，便繼續往北又走了兩日，忽然遠遠地聽到駝鈴的聲音；接著，吆喝的人聲也斷斷續續地傳到玄奘法師的耳裡。一開始，法師還以為又出現了幻覺，直到逐漸在遠遠的地平線上看見一落一落的土房，以及來往絡繹的人影和商隊，玄奘法師才確定，自己終於走出了這片大流沙，來到了西域的第一個國家——伊吾國，也就是現在的新疆哈密。

【註釋】

註一：目前或有記載，貞觀元年玄奘法師開始西行，則法師時年為二十六歲。若根據《大唐大慈恩寺三藏法師傳》，開始西行為貞觀三年之事，則應為二十八歲。

第四章　歷諸國五十三參——西域

賊云：「師不聞此有賊耶？」答云：「賊者，人也，今為禮佛，雖猛獸盈衢，奘猶不懼，況檀越之輩是人乎！」賊遂發心隨往禮拜。

伊吾國內只有一座叫做玉佛寺的寺院，玄奘法師就在玉佛寺裡住下。那座寺院裡住著三位漢地來的僧人，聽聞玄奘法師到來，鞋子都來不及穿好，就紛紛跑出來，彷彿見到親人一樣地抱著玄奘法師哭泣道：「想不到在有生之年，還能遇見漢地來的人！」玄奘法師也跟著流下了眼淚。

高昌國王留難

伊吾國的僧人紛紛來拜訪玄奘法師，伊吾國王也恭敬地將玄奘法師請到王宮中盛情供養。此時，正好高昌國（今吐魯番，當地還能看到高昌國遺址）國王麴文泰的使者也在伊吾王宮中；知曉玄奘法師蒞臨，立刻派人通知高昌國王此事。高昌國是當時西域各國中國力最強的，諸小國基本上都要敬他三分，甚至聽命於他。高昌國王知道此事後，立刻派遣使者來迎接玄奘法師，半邀半強迫地希望他到高昌國。

本來，玄奘法師是要取道可汗浮圖城（今新疆吉木薩爾北），並不會經過高昌國。然而，使者們不斷向玄奘法師說明，高昌國王是如此如此地虔誠信奉佛教，以及這般這般地仰慕玄奘法師，玄奘法師這才盛情難卻、隨順因緣地答應前往。

在前往高昌國的途中，高昌使者不停地為玄奘法師更換駿馬，以期更快地到達。越走竟然越來越熱，熾盛的陽光晒得人眼冒金星。原來，高昌國就位於大名鼎鼎的火燄山山脈南麓，正是《西遊記》裡孫悟空借芭蕉扇滅火燄山的原型出處。雖然沒有小說中那樣冒著火焰的山頭，但由於地處低窪又位於乾燥的沙漠地帶，氣溫可高達攝氏五十二度，並曾經實測過地面的溫度可達八十度。四周的土石皆是火紅一片，熾熱得彷彿真的著火一般。

神奇的是，在如此炎熱乾燥的地方，靠著天山山脈所融化下來的雪水，竟也能蜿蜒成一條河流，為這乾燥熱絕的地方帶來一抹綠意。高昌國便是倚賴天山山脈的雪水才得以在這個地方建國安居。

過了六天，到達高昌國邊境的白力城時，太陽已經沒入地平線了，本來玄奘法師準備要投宿，使者們卻又催促地說道，王城就在前面，希望法師能堅持一下繼續前行；結果，一直走到凌晨雞鳴時分才到達王城。抵達時，國王率著大臣以及女眷，恭敬地在那裡等候，眾人手持的蠟燭照耀晃亮地像白晝似的。等到與國王見完面、談完話，東方已經發白了，這才招待著玄奘法師休息。隔天，玄奘法師還未起身，高昌國王又已經帶著王后等在一旁準備問安。

種種氛圍都透露著，高昌國王的確是非常仰慕玄奘法師，熱切地希望能親近法師；然而，也能感受到高昌國王霸氣自我的行事作風。

玄奘法師在高昌停留的十多天期間，高昌國王下令，全國八十歲以上的高僧都要來向玄奘法師請教佛法；期間，高昌國王也都一直不輟地侍奉在旁。十多天過去，玄奘法師準備繼續西行，於是向國王辭行；高昌國王極力懇求他留下來，玄奘法師自然是沒有答應。

高昌國王又不死心地繼續說道：「我年輕的時候，與先王去過中國，見過很多高僧，內心無限景仰。自從聽聞您的大名，內心尤感崇拜歡喜，到了言語難以形成的程度。當時，我心裡就想，如果有一天法師能到我們高昌國，我必定要終身供養，並讓全國人民都成為您的弟子。但願尊師能體察弟子的心意，為了高昌的人民，不要走了，在高昌留下來吧！」

玄奘法師也很懇切地回答道，他此行並非為了供養而來，而是為了眾生，為了解決心中的疑惑，聽聞還未聽聞過的經義，將方等經帶回中原；所以，西行的求法之心，只是每天更加堅定，怎麼可能中途停廢？並懇請高昌國王不要再挽留。

然而，高昌國王卻不想退讓，並說，他的一片誠意，即使是蔥嶺崩毀也不會更改，請玄奘法師不要再懷疑推辭。兩人這麼一來一往，都不肯退讓。玄奘法師的堅定，我們在越過大流沙時就已經見識過了，自然不可能被高昌國王所阻擋。高昌國王卻也意外地堅持，地如其名、人如其地，高昌國王也如這火焰山一般火爆直截；到最後，居然動了氣，大聲說道：「我大可以使用強硬的手段，讓您無法自行離去；能把你扣留在此地，也能把你送回長安。您最好仔細思量，接受我的一番心意！」

玄奘法師也不是可以隨便折服的，他堅毅地回道：

玄奘來者為乎大法，今逢為障，

只可骨被王留，識神未必留也。

意思是說：我玄奘此行就是為了西行求法，如今在此受到障礙，也許骨骸能被留下，但是精神絕對無法被扣留。

高昌國王沒料到玄奘法師竟然如此決絕，聽罷難過地痛哭嗚咽，無言以對。但是，他還是不肯死心，不願意放玄奘法師走，只是囑咐侍者加倍對玄奘法師的供養，並親自為法師端飯盛菜，以示誠心，希望以此感動法師改變心意。玄奘法師就這樣被強留在高昌國。

然而，西行之路被阻，玄奘法師覺得自己違背了當初的誓言，便開始不吃不喝，絕食明志。就這樣一連坐了三天，一動也不動，且滴水粒飯都不進；到了第四天，法師的氣息逐漸轉弱。高昌王一看，發現玄奘法師竟然如此堅決，不禁也被撼動。因為自己的逼迫，居然讓一位大師必須以死明志，又驚又愧之下，趕忙向玄奘法師磕頭謝罪，同意讓玄奘法師繼續西行，不再阻攔，只求他趕快進食。

玄奘法師擔心高昌王只是權宜之策哄騙自己進食，於是要高昌王對日發誓。高昌王誠懇地說道：「我願意在佛前與法師結下法緣。」於是，便與玄奘法師一同在佛前膜拜。隨後，又來到高昌王的母親張太后面前鄭重地與玄奘法師結拜為兄弟，以示誠心。

高昌王向玄奘法師保證，不會再阻礙他西行，只懇求他取經歸國之時，無論如何要到高昌國停留三年以接受供養；高昌王希望效法波斯匿王、頻婆娑羅等人，做一名護法的檀越。玄奘法師答應了這個請求。在看到高昌王的確真的不再為難自己西行之路，玄奘法師才終於恢復進食。

縱然已經同意玄奘法師繼續西行，高昌王依然依依不捨，懇請玄奘法師再多停留一個月，講述《仁王經》（即《仁王護國般若波羅蜜多經》）。高昌王一邊設置了一個極大的帳幕讓法師講經說法，每天都親自捧香爐、下跪來迎接玄奘法師陞座；另一方面，同時幫法師置辦了許多通行西域的物資，包括三十套袈裟、還有抵禦西域溫差極大的禦寒衣物、四個年輕的和尚、三十匹馬、二十五個僕役、黃金一百兩、銀錢三萬兩、綾絹五百匹、瓜果兩車等路資。高昌王幫玄奘法師準備的東西，完全夠二十年之用，足見高昌王的誠意與真摯。

更感動的是，高昌王深知西域政治的混亂，他特地寫了二十四封信，讓玄奘法師帶給西域的二十四位小國王作為介紹信，每封信都還附贈大綾一匹。信中除了介紹玄奘法師，也請求該國國王能夠護送玄奘法師到下一個國家。

玄奘法師等於是拿到了西域的通行證，一反之前是偷渡出關的身分，終於得到官方的保護，對他後來的西行之路大有增益。高昌王在這方面，確實算得上是一位不折不扣的護法。玄奘法師十分感念高昌王的厚待，也特地寫了一封書信給高昌王以表感謝之情。

雖然高昌國是西域諸小國中勢力最大的一國，但終究還是夾在大唐和西突厥兩大強國之間，所以高昌國也必須分別向大唐和西突厥可汗示好來換取生存空間。高昌國王讓自己的兒子迎娶西突厥可汗葉護的妹妹為妻，因此有一些交情；此番特地派遣御史歡信，護送玄奘法師前往下一站——西突厥葉護可汗的衙帳。

從高昌出發離開的那一天，高昌王率領舉國上下的僧侶、王臣和民眾走出城都送行，一直到西邊的城郊才依依不捨道別。

可惜，這一別竟然也是永別。後來，高昌王麴文泰與西突厥結盟，唐太宗於是派軍征討；貞觀十四年（西元六四〇年），高昌為唐所滅。玄奘法師取經歸國之前，高昌國已滅，國王也已過世；所以，這三年之約最終因緣不具足而無法實現。

屈支國論道

玄奘法師一行人離開高昌國繼續往西行走，經過無半城、篤進城、阿父師泉。說也奇怪，離開火焰山山脈一帶，氣溫便逐漸下降，不再像高昌國那樣燥熱霸道，才行出兩百里路，氣溫就溫和許多，真是十分特殊，當真無愧「火焰山」之名。

途經一座銀礦山時，在山邊遭遇了一隊土匪；玄奘法師一行人贈與匪人若干財物，匪人才放過他們。不過，之前與玄奘法師他們同行的西域商人運氣就沒有這麼好了；這些商人為了爭取搶先貿易的機會而半夜偷偷出發，卻不幸遇上土匪而全數被殺死。玄奘法師一行人後來經過時看到他們的屍首——半天前還是活人，如今已逶迤在地、失去生氣，令人不勝唏噓。

在距離高昌國約九百里處，來到了阿耆尼國。

阿耆尼國（Agni，約為今新疆焉耆回族自治縣），舊名「焉耆」，國名的梵文字原意為「火」，象徵著「光明」。玄奘法師到達阿耆尼國時，國王也率領大臣出城來迎接，並接入宮中供養。然而，由於阿耆尼國屢屢遭到高昌國侵略，國王懷恨在心，不肯提供馬給玄奘法師。法師也就沒有多待，只過了一夜就繼續西進。

沒過多久，阿耆尼國也因為陽奉陰違，被唐太宗出兵討伐，國王因而淪為階下囚。

繼續走過幾百里的乾燥草原，來到了屈支國（Kutsi/ Kuci，即龜茲國，約今新疆庫車縣），一樣也是受到屈支王帶領著高僧、大臣出城迎接，並迎入宮中供養。

屈支國算是當時西域中非常重要的國家，文化燦爛、富庶繁榮，音樂方面特別發達；唐朝朝廷設有九部樂，便有一支是庫車樂隊，國宴少不了他們的演出。玄奘法師當時也在宴席上體驗了一番屈支國的特色音樂舞蹈。

宴席上，由於菜餚中有「三淨肉」（不見為我而殺、不聞為我而殺、不疑為我而殺），玄奘法師便婉謝不用。屈支國王不解，玄奘法師遂予以說明，屈支國王才另外準備素菜招待法師。

雖然目前流行的說法是：佛教並沒有提倡「吃素」（此處指「不肉食」），吃素是佛教傳進中原後，由梁武帝所頒布的規定。然而，這個說法可以有更完整的理解。

佛陀住世時期，佛陀的確沒有嚴格規定必須吃素。不過那是因為，一來，當時的出家人以托缽乞食維生，無法選擇所獲的的食物；二來，當時的印度以貧苦百姓居多，能布施的食物多為家中的殘羹剩餚，有肉的機率不高；第三，由於托鉢乞食每天一食或至多二食，還經常會化緣不到食物，如果還硬性規定只能吃蔬食，生命與體力可能難以為繼。

也就是說，在佛陀時代的條件，並不需要嚴格要求出家人吃素食，也不具有大魚大肉而造成眾生塗炭的條件；而且，當時乞食只是為了最低限度地延續生命以持續修行，並非指定要吃肉，也不是享樂地進食，所以過失可說極低，與當代食物豐盛且可以選擇各種食物的大環境條件相當不同。在食物充足且可以選擇又非乞食的條件下，吃素當然更加合乎佛陀教導的精神。在《雜阿含經·三七三經》便是這麼教導：

「云何比丘觀察摶食？譬如有夫婦二人，唯有一子，愛念將養，欲度曠野嶮道難處，糧食乏盡，飢餓困極，計無濟理，作是議言：『正有一子，極所愛念，若食其肉，可得度難，莫令在此三人俱死。』作是計已，即殺其子，含悲垂淚，強食其肉，得度曠野。云何？比丘！彼人夫婦共食子肉，寧取其味，貪嗜美樂與不？」

答曰：「不也，世尊！」

復問：「比丘！彼強食其肉，為度曠野嶮道不？」

答言：「如是，世尊！」

佛告比丘：「凡食摶食，當如是觀。如是觀者，摶食斷知，摶食斷知已，於五欲功德貪愛則斷……」

大意是說，吃食物的時候，就像為了度過曠野卻沒有糧食，眼看就要餓死，為了活命、不得已而吃，並不是為了感官享樂而吃。

而玄奘法師十分熟稔的《涅槃經》當中，亦是同樣地教導，見《大般涅槃經．如來性品》：

佛讚迦葉：「善哉，善哉！汝今乃能善知我意，護法菩薩應當如是。善男子！從今日始，不聽聲聞弟子食肉，若受檀越信施之時，應觀是食如子肉想。」

迦葉菩薩復白佛言：「世尊！云何如來不聽食肉？」

「善男子！夫食肉者，斷大慈種。」

迦葉又言：「如來何故，先聽比丘食三種淨肉？」

「迦葉！是三種淨肉，隨事漸制。」

迦葉菩薩復白佛言：「世尊！何因緣故，十種不淨乃至九種清淨而復不聽？」

佛告迦葉：「亦是因事漸次而制，當知即是現斷肉義。」

經中更是明確地解釋，當初佛陀聽許比丘吃三淨肉，只是一種權宜，隨著因緣就需要調整。依佛教的核心精神，既然慈憫欲救度一切眾生，便不可能鼓吹吃肉殺生；只是，在當時須權宜地在比丘的性命、修行的延續與眾生受到的傷害之間，取得盡可能的平衡。然而，這樣的平衡永遠是動態的，應把握核心精神在行為上隨宜調整，才不會變成僵固的觀念或規矩。

感謝玄奘法師將這樣的觀念帶到西域諸小國，讓他們有機會重新檢視與思考三淨肉、吃素、不殺害等核心教義的意涵。這與派別或大小乘無關，而關乎佛教的教導精神。

在屈支國，有一位著名的高僧名為木叉毱多，與玄奘法師同住在阿奢理兒寺。他曾到印度遊學二十餘年，通曉各種梵文經典，在屈支國很受國王與臣民的尊敬，大家都尊稱他為「獨步」。

這位木叉毱多在聽說玄奘法師之後，只是把他當成一般的客人接待，並不知道玄奘法師其實也精通佛法。於是，便有意無意與玄奘法師論辯，並輕蔑地認為《毗婆沙論》與《俱舍論》不是很深的經典，他表示自己已經完全通透，還表示玄奘想取回大唐的《瑜伽師地論》為邪見。然而，在玄奘法師舉出《俱舍論》當中的經文來與他討論時，木叉毱多卻招架不住玄奘法師的追問與討論，很快就無言以對，甚至推說自己年紀已大，已記不得經文。

經過這次交手之後，木叉毱多便不敢再與玄奘法師對座談話，只是在暗地裡跟人們誇讚說，玄奘法師的確非常出眾，即使在天竺也不見得有這樣出色的僧人。

當然，學習佛法並非為了在辯論上爭輸贏高下，以顯自己的威風，而是為了通達智慧以解脫生命的困苦與救度眾生。玄奘法師並非出於輸贏的心思態度而跟木叉毱多論辯，只是因為深心敬愛佛法故而熟稔，於是就法論法、不易被折服。也許，我們更可以說，木叉毱多是敗在自己的傲慢之下。

於是，也更可以體會《法華經》之常不輕菩薩的智慧，了解到一切眾生的因緣是一般人難以知曉的；而且，一切眾生未來都是佛菩薩。基於這樣的胸懷，便不會隨便輕慢任何眾生，哪怕現在這個眾生看起來障礙比較深一些。

翻越雪山進入中亞

離開屈支國的時候，屈支國王一樣贈送了馬匹、駱駝和人力，僧侶和民眾也都迎送至城外。然而，才走兩天，就不幸地又遇上一大隊突厥土匪，大概有兩千多人，陣容非常龐大。正在一籌莫展之際，沒想到這批土匪卻因為如何分贓談不攏而自相殘鬥起來，玄奘法師一行人才化險為夷、僥倖逃過。

經過跋祿迦國（Bālukā/ Vālukā）往西北，便來到凌山，也就是蔥嶺的北山頭（天山山脈一帶），一行人需翻越凌山進入中亞。凌山山勢峻拔陡峭，彷彿直通雲霄；山上的積雪終年不化，是一望無際的白雪皚皚。翻越雪山的艱難一言難盡，玄奘法師在《大唐西域記》中是這樣說的：

山谷積雪，春夏合凍，雖時消泮，尋復結冰。經途險阻，寒風慘烈，多暴龍難，凌犯行人。由此路者，不得赭衣持瓠，大聲叫喚；微有違犯，災禍目覩。暴風奮發，飛沙雨石，遇者喪沒，難以全生。

意思大抵是說，即使春夏也一樣冰雪封凍，太陽出來的時候冰雪會消融，但很快又會重新結凍。這樣反覆融雪又冰凍之後，不但會使地面極度溼滑，也讓雪地的狀態不穩定；「暴龍」應該指的是雪中的風暴，或者雪崩的情形。因此，路人不能大聲叫喚，否則很容易引起雪崩，霎時鋪天蓋地，吞噬行人。

如此的登山歷程，經過七日的行走，才終於翻越艱難的山嶺。然而，因為身上又溼又冷再加上煮食不易，隊伍中因為凍死、餓死者高達十分之三、四，駱駝、馬匹的死傷數目更多。

從這樣的事例，我們可以發現，玄奘法師不管是心理素質還是身體素質都非常驚人；不僅挺過了乾渴炙熱的大沙漠，也挺過了嚴寒的大雪山。或許，一顆為了眾生發願的心，會使精神無比強大，讓人挺過各種艱難困苦。

翻過凌山之後，來到清池（Issyk-kul，今伊塞克湖，在吉爾吉斯境內），古時又稱熱海、闐池。之所以稱為「熱海」，並非因它的水是熱的，而是因為相對於凌山冰雪終年不化，大清池的水則終年不冰凍，故稱為熱海。它位於海拔一千六百公尺的高原上，是現今世界第二大的高山湖泊，面積六三三二平方公里，僅次於南美洲的的喀喀湖。來自九十多條河流的水匯入該大清池，但沒有流出的河流；也許是如此長年累積的礦物質，使湖水略帶鹹味。最深處可達七百公尺深。

沿著湖岸往西北再走五百多里後，便來到了素葉城（Sūyāb，又名碎葉城或素葉水城，今吉爾吉斯楚河州托克馬克市西南還能見到其遺址）。有一說是，大名鼎鼎的唐朝詩人李白便是出生在此素葉城，一直生活到五歲（另一說是李白出生在甘肅或四川）。

在素葉城郊，玄奘法師一行人遇見了恰好來此打獵的西突厥可汗葉護。西突厥當時幅員廣闊，最強盛時期的勢力範圍涵蓋今天的阿爾泰山山脈一帶、哈薩克、吉爾吉斯、塔吉克、烏茲別克、土庫曼，北境甚至還越過裡海、幾乎要碰觸到黑海。

葉護可汗在帳篷中接待了玄奘法師與高昌使者，不僅舉辦了盛大的宴會，還有各種當地的樂器演奏和葡萄汁。隨後，可汗便請法師講經論道，解說十善業道、愛惜物命以及波羅蜜多（pāramitā，意為〔由生死此岸〕「度彼岸」）的智慧。法師的說法讓可汗聽得非常歡喜，恭敬地信受奉行。

玄奘法師在葉護可汗處停留了幾天。這段期間，可汗勸說玄奘法師不要前往印度；他聽說那邊非常炎熱，冬季也像夏季一樣炎熱，他覺得玄奘法師到那裡恐怕會熱出病來；並聽說當地人皮膚黑黝且行為無禮，並不值得前去。法師也只能一貫地回答道，到天竺是為了追尋聖法，不為別的。

此言顯示，法師一路走來，雖然經歷了這麼多的人事，卻始終沒有忘記自己西行的目的；既沒有忘記自己的根本初衷，也能始終貫徹，這樣的精神力著實讓人佩服。

中亞諸小國

葉護可汗一樣準備了豐富的物資送給玄奘法師，並在軍隊中幫玄奘法師尋找通曉各國語言的人才，以充當翻譯官。此外，也寫了介紹信給西域諸國王，幫助玄奘法師往後的行走通行。

在素葉城告別了葉護可汗之後，便在可汗侍衛的護送下準備前往迦畢試國。自素葉城往西走四百餘里是千泉，那裡環境優美、樹林茂密且泉池遍布，有鹿群在當中遊走；因為可汗下令不能獵殺，所以這裡的鹿群過得相當自在不怕人。

繼續往西，是呾（音同「答」）羅私城，以及它旁邊的一個名為小孤城的聚落。小孤城曾是中原人居住的聚落，後被突厥之勢力佔領，服飾已被突厥同化，但語言和一些道德觀念仍可見保留中原的習慣。再過約一百二十年，唐玄宗天寶十年，派遣高仙芝與阿拉伯軍大戰的戰場，便是在呾羅私城附近；此戰唐朝大敗，改變了中亞之後的命運。

再往西是白水城（今哈薩克奇姆肯特市往東十三公里處），古時又名賽蘭或塞蘭。五百多年後，在《長春真人西遊記》中也記載著，丘處機當時應成吉思汗的邀請遊歷中亞時也曾到過此地。

接著，經過恭御城來到笯赤建國（Nujakath/ Nujikath/ Nūjkath），玄奘法師形容此地鬱鬱蒼蒼、花果繁盛，多產葡萄。往西繼續經過赭時國（為伊朗語中「石頭」之意，故唐代稱石國），往東南到㤄（音「伐」）捍國，再往西到窣堵利瑟那（Sutrsna）國，之後，往西便是一片完全沒有水草的大沙磧，與大流沙的情形一樣，必須沿著路上的骨骸當標幟來引路。走了五百多里越過大沙漠，來到颯秣建國（今烏茲別克斯坦大城撒馬爾罕〔Samarkand〕）。

颯秣建國的國王和臣民都不信佛教而信奉祆教，國內雖然有寺院卻沒有僧侶居住；如果有客僧掛單，當地的居民就會用火把驅趕之。玄奘法師停留在此地的幾日，為國王講說因果與供養佛僧的功德；國王遂改變態度，殷勤恭敬地皈依佛教。國王原本搜捕了那些拿火驅趕玄奘法師一行人的群眾，要砍斷他們的手以示懲戒；玄奘法師不忍心，勸導國王要慈悲為懷，才讓人民免於被砍手的命運。此後，全國人民都敬重玄奘法師並願意皈依佛教。玄奘法師經過的地方，大抵都是如此傳播佛法。

接下來又依序經過弭秣賀國、劫布呾那國、屈霜你迦國、喝捍國、捕喝國、伐地國、貨利習彌伽國、羯霜那國、覩貨邏國故地，這些小國都是與現在的吉爾吉斯、哈薩克和烏茲別克接壤一帶的小國。經過颯秣建國之後，路線開始往東南方向。然後來到活國。（案：從覩貨邏國故地至活國這段路程，《大唐西域記》與《慈恩傳》略有不同；《大唐西域記》所記較為繁雜不明，故此處依

據《慈恩傳》）

前面經過的這些小國，都是在西突厥的勢力範圍，活國更是葉護可汗長子呾度的封國，他同時也是高昌國王的妹婿；然而，當玄奘法師抵達的時候，高昌王的妹妹已經過世了，呾度也病重。聽到玄奘法師從高昌國前來，並帶來高昌王的書信，大家都感動不已。

不幸的是，就在玄奘法師停留的這段時間，呾度的年輕王后教唆呾度的長子將呾度毒害，長子篡位為王，並娶了父王的年輕王后為妻。

玄奘法師停留到呾度喪禮結束後離開，期間曾與一名活國的高僧達摩僧伽切磋討論。這位達摩僧伽曾到印度遊學，蔥嶺以西都尊稱他為「大法師」；在與玄奘法師談論過後，這位大法師對玄奘法師佩服不已，兩人從此成為佛門的密友。

在活國的領地內，有一個地方叫縛喝國（又名巴克特拉），被譽為小王舍城，剛好有十多名來自那裡的僧侶前來弔唁呾度。玄奘法師從他們口中得知，巴克特拉道路平坦，從那裡再向南往天竺，可以少走一些迂迴的路；於是，玄奘法師便跟他們一同前往巴克特拉。

巴克特拉是一處物產豐饒的沙漠綠洲，有一百多所伽藍（全稱為「僧伽藍」〔Saṃghārāma〕，意為僧眾共住的園林，即佛寺），僧侶三千多人，主要是解脫道的修行者。此處有一座特別大的納縛僧伽藍，佛像非常壯麗雄偉，在這座伽藍的北邊，有一座窣堵波（Stūpa，塔），還有一間歷史悠久的精舍。在當中修行證得四果的人從沒有中斷過，每一位都會為其建一座塔為見證，以至於那周圍的塔連綿好幾百座。

在巴克特拉城的西北處有一處名叫謂城、一處叫波利城的地方；據說，釋迦摩尼佛初成道時，曾在這裡接受兩位長者麨蜜的供養，並向兩位長者開示五戒與十善。兩位長者向世尊索取了一些頭髮和指甲，在此建立了一座塔來供奉。在巴克特拉西處，也有一座高二丈（六至七公尺）多的塔，據說是過去迦葉佛時留下的。

從巴克特拉出發後，繼續南行，經過揭職國，往東南又遇到大雪山（今興都庫什山脈，在阿富汗、巴基斯坦與塔吉克的接壤處）。玄奘法師描述，這一座雪山山高谷深，山勢陡峭而險峻，風雪持續不斷，雪深到可以把深谷填滿，即便是夏季也是冰天雪地；而且還有盜匪出沒，在那裡等待旅客殺人越貨。

在大雪山中，有一個國家名為梵衍那國（Bāmiyān），氣候嚴寒，民風純樸，無論是三寶還是百神都信奉，國內有十來座伽藍。王城的東北山上，有一座非常高大、用寶石嚴飾的石佛像，光彩晃耀。這就是於當代世界聞名的巴米揚大佛，與敦煌石窟、印度阿旃陀石窟並列為世界三大佛教藝術珍貴遺產地。較小的東佛像高度也有三十八公尺，大約開鑿於西元五七〇年左右；較大的西佛像高度則達五十五公尺，約開鑿於西元六一八年左右，也就是玄奘法師抵達的不久前。

不幸的是，巴米揚大佛歷經近一千五百年的風霜，於二〇〇一年三月十二日，被阿富汗伊斯蘭激進組織塔利班（Taliban）用炸藥炸毀。

王城東邊還有一座伽藍，是先王所建立，伽藍旁邊也有用黃銅所鑄的釋迦牟尼佛的立像。

從梵衍那國離開的第二天，一行人不幸在雪山裡遭遇大雪，雪厚得把路跡都掩蓋了，導致玄奘法師一行人在雪地裡迷路失道。在冰天雪地、人跡罕至又山路崎嶇的雪山裡迷路實在是非常危險的事；每一次的繞路、找路，都會耗費極大的體力，把人逼近失溫失能的死亡邊緣。所幸，玄奘法師等人遇到山裡的獵人指引方向，才順利渡過黑山來到迦畢試國（今阿富汗喀布爾西北六十公里的貝格拉姆城），也就是突厥可汗派人馬護送的目的地。

迦畢試國（Kāpiśá/ Kapici/ Kapisaya）的風俗語言已經與中亞諸國很不一樣了，貨幣和規矩也不同；然而，此國十分崇敬三寶，境內有一百多所伽藍。其中有一座沙落迦寺，據說是一位過去漢代的皇子在這裡為質時所建（案：據考察，史書中未有漢代皇子在外國為質的記載，故另一說是疏勒王的舅舅臣磐因罪徙於月氏，質子實為臣磐。《後漢書．疏勒傳》）。玄奘法師於是落腳在此寺院。

沙落迦寺建造的時候，把大量的珍寶埋在廟東門南方的一座神像下，準備在以後修補塔寺用。然而，附近有一位貪暴的國王聽到這個傳聞後，想要搶奪這些寶物，便派人到神像腳下挖掘；沒想到，才一挖地，立刻地動山搖，惡王以及其手下被此異象嚇到昏厥在地，連忙撤退，不敢再造次。

經過這一番震動，寺院裡便有些毀損，寺裡的僧人便想要挖取寶物來修整塔廟，卻也遇到一樣的狀況，一挖掘大地便又開始震動。大家見到玄奘法師的到來，便紛紛請他幫忙。

於是，玄奘法師跟著眾人來到神像前，誠心地焚香祝禱：「皇子殿下，您當初在這裡埋下寶藏是為了未來修建之用；如今正是使用的時候，希望您能體察我們一片虔誠之心。如果您允許我們開啟，我玄奘將親自帶領挖掘工程，挖出多少都如實清點並交付給負責之人，如法地修造寺院，絕不會有任意的花費。希望您能明察我們的真心誠意。」

如此祝禱完之後，開採工程便進行得十分順利，不再有任何異象阻礙。當挖到七、八尺深時，挖到一口很大的銅器，裡面有黃金數百斤，以及明珠數十顆。眾人都非常欣喜，讚歎玄奘法師的神奇威德。

玄奘法師隨後便在此寺結夏安居。結夏期間，迦畢試國王為玄奘法師舉辦法會，並與當地的高僧秣奴若瞿沙（Manujaghosa）、說一切有部（Sarvāstivādin／薩婆多部）的阿黎耶伐摩、化地部（Mahīśāsaka／彌沙塞部）的求那跋陀切磋交流。

在沙落迦寺北面的山嶺上有幾間石室，是以前質子修習禪定的地方，當中也陳放了一些寶物。玄奘法師在《大唐西域記》中記載，這些寶物由夜叉（yakṣa，或音譯為「藥叉」，為有力量的鬼神，被列為佛教護法的天龍八部之一）看守，如若有人想要偷取，夜叉便會幻化成各種可怕的樣子——如獅子、蟒蛇、猛獸等——把人嚇退。石室西面的山上則有一尊觀世音菩薩像；如果有人至誠地祈請願見，觀世音菩薩便會從像中走出來慰問修行人。

結夏完畢離開迦畢試國，改由迦畢試國的護送使者伴行。繼續往東六百多里，翻越過黑嶺（阿富汗東邊的「錫雅柯山」之意譯；因其夏季山上不積雪，故名「黑」），來到濫波國，正式進入了北印度的範圍。

玄奘法師就這樣一路歷經各種驚險、留難、阻礙地風塵僕僕，精彩程度完全不亞於《西遊記》，如此一步一步地走到了天竺的邊界，踏上了天竺的土地，真真地印證了「路在腳下」。只要有心，一缽一瓶亦足矣。

進入印度境內

在《大唐西域記》中，玄奘法師便使用了「印度」二字來校正「天竺」或「身毒」的發音。並說明印度分為五大部分，即北、南、東、西與中印度，包括七十餘個小國家。「印度」二字遂沿用至今。

過了濫波國來到那揭羅喝國（Nagarahāra）。那揭羅喝國城的東邊有一座佛塔，高三百多尺，據說是阿育王（Aśaoka／無憂王，西元前三〇四年至前二三二年，印度孔雀王朝的第三代君主）所建。傳言此處便是釋迦牟尼佛於過去世見到燃燈佛並得到授記的地方。

當時釋迦牟尼佛是一位婆羅門，名叫雲童子；遇到燃燈佛時，燃燈佛為了度化他，在地上變化出一片泥濘。雲童子為了不讓燃燈佛踩泥地，便把身上的鹿皮脫下來鋪在地上，再把頭髮散開鋪到地面，臉朝下地以肉身作為燃燈佛的踏板，以此供養佛（經文可參見《佛本行集經．受決定記品第二》）。

玄奘法師聽聞此塔的因緣，便虔誠地在塔邊禮拜繞行。

再往西南十多里處也有一座佛塔，傳聞則是世尊過去世時為供養燃燈佛而買蓮花的地方。再往南走，來到佛頂骨城。城中有一座二層樓的建築，當中供養著世尊的頭頂骨。玄奘法師見到世尊的這些遺物，一一頂禮跪拜，引發無限的幽思戀慕之情。

佛影巖窟

玄奘法師還聽說，在那揭羅喝國城西南處有一個岩窟，是過去世尊降龍之處，據說洞裡還留有世尊的影像。玄奘法師聽聞之後，便想要去岩窟禮拜。然而，那裡非常荒涼，盜匪猖獗，去的人又多半無法看見世尊影像，所以前去禮拜的人越來越少。

迦畢試國的護送使者急著想要早日將法師送到目的地，他好早日返回迦畢試國，便勸玄奘法師不要前去。然而，不意外地，玄奘法師依舊如此堅定與勇敢，他回道：「世尊的身影億劫難逢，怎麼可能到了此地卻不去禮拜？你們先走吧，我隨後再與你們會合。」即使是一個人，玄奘法師也會去做他認為應該做、值得做的事。

於是，玄奘法師在附近的村莊找到一位知道巖窟位置的老人，請老人引路。然而，才走數里路，便真的遇到五個拿刀的匪人攔路。土匪問到：「法師要上哪兒去呀？」玄奘法師答道：「要去禮拜佛影。」土匪又挑釁道：「法師不知道這裡有土匪嗎？」玄奘法師依然無畏地答道：「土匪也是人。為了禮佛，我連猛獸都無所畏懼，何況各位施主是人呢！」土匪聽法師這麼說，不覺有些慚愧羞赧，也佩服玄奘法師的無畏與虔誠，遂發心一起與玄奘法師前往禮佛影。

不久之後，一行人來到石窟。玄奘法師按照老人的指示走進巖窟內，等了許久，卻仍然只是一片闇黑，什麼也看不見。玄奘不禁十分悲傷，覺得一定是因為自己業障深重的關係。於是開始至心持誦偈頌與聖號，一邊持誦、一邊禮拜；如此拜了一百多拜之後，忽然見到東面的牆壁出現缽碗大的亮光，但是轉瞬就消失。即便如此，還是讓玄奘法師精神一振，再繼續拜了一百多拜，牆面上的亮光變得更大了，但一樣轉瞬就消失。

玄奘法師備感戀慕，便下定決心：見不到佛影便不離開！又繼續誠心敬拜，再拜了兩百多拜之後，忽然洞窟放大光明，佛陀的影像清楚地出現在壁上；那種情景，就像忽然撥雲開霧、見到金山一般的感覺。佛影十分莊嚴，連身上穿著的袈裟還有背後的眾多菩薩與尊者皆清晰可見。

玄奘法師趕忙請洞外的六人拿火把進來，準備焚香禮拜；不過，火把一進來，影像就倏地不見；玄奘法師趕忙將火把熄滅，影像才又重現。六人當中，有五個人能看見佛影，其中一人卻怎麼也看不見。

佛世尊的影像光明持續了約半頓飯的時間，眾人焚香禮拜完才消失。大家都感覺非常殊勝、法喜，同去的婆羅門老人驚歎不已，對玄奘法師更加讚譽恭敬。五名土匪也有所醒悟，立地將刀械都銷毀，誠心受戒皈依。

犍陀羅國、烏仗那國各處世尊遺跡

告別了他們，玄奘法師趕上隊伍，繼續往東南前進，又走了五百多里路，來到犍陀羅國（Gandhāra，阿富汗東部和巴基斯坦西北部的一個古國）。犍陀羅國東臨印度河，首都在今天的白沙瓦（巴基斯坦境內），許多有名的論師都是來自此國，如那羅延天（Nārāyaṇa）、無著（Asaṅga）、世親（Vasubandhu）、法救（Dharmatāta／達磨多羅）、如意（Manoratha／末笯曷剌他）、脇尊者（Pārśva）等。

迦畢試國以降，除了民情風俗異於中亞，更因受到古羅馬帝國的影響，在藝術表現上融合了羅馬石雕的風格；在雕刻、石像乃至佛像上，更像希臘神話的石雕特徵。此處以南出土的佛像、佛教雕刻，乍看之下會以為是羅馬的石雕，寫實風格，且充滿肌肉線條的力與美，與中原飄逸、形而上的風格迥異。當代從犍陀羅出土的文物，即以羅馬特色的石雕佛像聞名。

犍陀羅也有許多佛教的遺跡，如過去四佛禪坐過的大菩提樹，此劫未來的九百九十六佛（賢劫千佛）也將坐於此菩提樹下。還有收藏世尊舍利的佛塔、迦膩色迦王（Kaniṣka，西元一二七至一五一年，貴霜帝國的國王之一）佛塔等。

再往東是犍陀羅國的都城布色羯羅伐底城（Puskarāvatī），城東也有一座阿育王建造的佛塔，是過去四佛說法之處。另一座阿育王建造的佛塔，則據說是世尊過去世行菩薩道時，在此國轉生千次，並布施了千次眼睛的地方（布施眼睛的故事可參見《賢愚經．快目王眼施緣品第二十七》、《彌勒菩薩所問本願經》），玄奘法師都一一至誠禮拜與供養。

這麼多的塔寺，足見當地佛教過往的興盛。然而，玄奘法師到的時候，犍陀羅國內的寺院佛塔多已凋敝荒廢，主要是祭祀天神的廟宇，信奉各種神祇。

接著經過犍陀羅國在印度河上游北岸的烏鐸迦漢荼城（Udakhānda），沿著河繼續走六百多里，來到烏仗那國（Udyāna／烏萇國，今巴基斯坦西北邊省），這是一個橫跨河流兩岸而成的國家，晉代高僧法顯、慧景、道整、慧達都曾到過此國。傳聞釋迦牟尼佛曾在此傳教密法；藏傳佛教之大祖師蓮花生大士，也傳聞出身於此國。

據說，此國古時於河岸兩旁共有一千四百所佛寺，僧人多達一萬八千多人；然而，玄奘法師到時也已經沒落荒廢。當地修行者主要分屬五部：法密部、化地部、飲光部、說一切有部和大眾部。

烏仗那國城東有一座大佛塔，是世尊過去世做忍辱仙人時，被羯利王（Kalingaraja／歌利王／迦藍浮王）割截身體之處（可參見《僧伽羅剎所集經》）。

接著，沿著河流又進入雪山幾百里路，經過阿波邏羅龍泉、醯羅山，到瞢揭釐城。城裡有一座佛塔，也是阿育王所造，是世尊過去世為慈力王時，布施血給夜叉的地方（可參見《賢愚經．慈力王血施品第十三》、《菩薩本生鬘論．慈心龍王消伏怨害緣起第七》）。

接著，渡河經過呾叉始羅國，往東南走兩百多里有一座大石門，是世尊過去世當小王子時，為了避免虎母因飢餓食子，而布施身體給老虎的地方（可參見《賢愚經．摩訶薩埵以身施虎品第二》、《菩薩本生鬘論．投身飼虎緣起第一》）。當時，世尊的鮮血染紅了地面，據玄奘法師記載，當他來到此地時，那裡的地面依舊帶著鮮紅色，所長出來的草木也是紅色的。

繼續往西南行，經過烏剌叉國，度過危險年久失修的鐵橋，再走千餘里，是迦濕彌羅國（Kaśmīra，即喀什米爾）。這個國家裡有一百多所伽藍、五千多名僧侶，四座大佛塔，都是阿育王所建，收藏有世尊的舍利。迦濕彌羅國王聽到玄奘法師到來，很高興地出城迎接，將法師迎入王宮中款待供養，並恭請法師升壇講法。

迦濕彌羅國自古便尊崇佛法，僧侶臣民道心堅定；聽聞玄奘法師的講道，都踴躍討論學習。在那裡，玄奘法師遇到一位高齡七十多歲的僧稱法師，德行具備又學識淵博，玄奘法師與他相談甚歡，經常談到深夜也不覺疲倦。

據說迦濕彌羅國以前是龍池；世尊涅槃之後五十年，尊者阿難的弟子前來教化龍王，然後建造了五百座伽藍，裡面的僧人都由龍王供養。其後，犍陀羅的國王迦膩色迦王在佛陀涅槃後四百年，在脇尊者的幫助下，邀請來五百多位賢聖，進行第四次的三藏集結；之後，將所集結的經、律、論收藏在迦濕彌羅國中的大塔珍藏。

玄奘法師在這裡停留了兩年學習，國王也派人幫忙抄寫佛經；玄奘法師所需，無不一一滿足。

再遇劫匪

西行還是要繼續的。離開停留了兩年的迦濕彌羅國，玄奘法師繼續往南前進，又是幾千里的路程，經過半笯嗟國、遏邏闍補羅國、磔迦國，這些都是印度北邊境的小國。

當玄奘法師經過一處叫做波羅奢大森林時，忽然出現五十多名土匪，把他們一行人的財物都搶走，並且掄起大刀，準備將他們全部殺死在沼澤裡。沼澤裡草木藤蔓叢生，隨行的一個小沙彌忽然發現，旁邊岸上的雜草叢裡有水流過造成的通道，剛好可以容許一個人爬過，於是趕緊示意玄奘法師，師徒二人趕緊悄悄地從那條通道爬行逃出。兩人逃脫土匪掌控之後，猛跑了兩三里路，才遇見一位正在耕田的婆羅門。

婆羅門聽到有土匪強人，趕緊往村子裡吹螺號與擊鼓示警，並集結了八十多位村民帶著武器農具前往土匪出現的所在。土匪見村民人多勢眾，紛紛逃往森林深處，玄奘法師這才解救了被綁起來的其他眾人，前往村落投宿。

眾人因為這次九死一生的被劫經驗，都嚇得哭泣不止，並悲嘆那些被劫走的財物和衣服，唯獨玄奘法師依舊笑談自若，並無任何憂戚。眾人忍不住問道：「法師，我們的財物都被搶走了，心情也驚魂未定，現在處境愁困，法師怎麼不但沒有愁色，還笑容滿面地不甚在乎呢？」

玄奘法師答道：

居生之貴唯乎性命，性命既在餘何所憂？故我土俗書云：「天地之大寶曰生。」生之既在則大寶不亡，小小衣資何足憂恡。

大意是說，生命是天地間最寶貴的大寶藏；生命還在，其他的便不需要憂愁，何況只是衣服、路資等身外之物呢？

眾人聽完玄奘法師的話，有所領悟，隨即豁然開朗。

玄奘法師的心胸氣度是如此寬廣，智慧如此透徹，總能看見生命最核心的價值，所以能維持如此一貫的單純，不被世間事物雜染。

的確，維持生命的最重要價值是，以身體為法船，藉以度過世間而借假修真，積累福慧資糧與功德；至於資生之具，只是為了維護身體這艘法船而已。如果為了積集財物而愁苦憂惱、染汙內心，不是反而本末倒置了嗎？玄奘法師這番話真的說得明白透徹。隨後，在村民的幫助下，玄奘法師一行人順利地在城中籌得了繼續前行的物資。

隨著來到印度邊境，走過越來越多世尊過去的事蹟、遺跡，不難想像玄奘法師日益振奮的心情。一路從中原到西域又歷經突厥與中亞諸國，經歷與見識各地迥異的風俗，通過不可計數的嚴苛地形與磨難，終於來到印度邊陲。不過，此時還在印度的西北邊角，玄奘法師的目的地那爛陀寺則在印度的東北邊，還有一段路要繼續前行。

第五章　那爛陀寺無盡藏——取經

我是曼殊室利菩薩。我等見汝空欲捨身，不為利益，故來勸汝。當依我語，顯揚正法《瑜伽論》等，遍及未聞，汝身即漸安隱，勿憂不差。有支那國僧樂通大法，欲就汝學，汝可待教之。

玄奘法師繼續往東北前進，經過闍爛達那國，再度翻越危險的峻嶺來到屈露多國。繼續翻山與渡河經過設多圖盧國、波理夜呾羅國，到達秣免羅國；此時，已經進入中印度的範圍。

阿輸迦森林度化匪徒

中途還經過許多小國，不及備載。最後，渡過恆河，來到恆河南岸的阿踰陀國（Ayodhyā／阿約提亞，今北方邦法扎巴德縣境內）。

據說，阿踰陀是印度教神祇羅摩（Rāma／拉瑪）的出生地；婆羅門教非常重要的《摩奴法典》之作者摩奴（Manu），便是此城的創建者。此城至今依舊是印度人心中的聖城。城外恆河岸邊，有一座阿育王所建的大佛塔，是世尊以前曾經說法的地方。

在參拜完阿踰陀國中的世尊遺跡之後，玄奘法師一行人坐船順著恆河而下，準備前往阿耶穆佉國。大約行船了一百多里左右，兩岸的樹林越來越茂密，透發著異樣的不祥氣息。一行人正隱隱覺得不安之際，倏地便從兩岸出現十多艘賊船，匪徒在船上擊鼓叫囂地向玄奘法師所乘的船飛速靠近。船上許多人被這一幕嚇得魂飛魄散，不假思索地跳進河裡去。

匪徒們把玄奘法師所乘的船逼到岸上，接著便開始脅迫大家拿出身上值錢的金銀珠寶，甚至把眾人的衣服脫光來搜找。

這些匪徒素來信奉突伽天神（Durgā），其為印度教女神之一，又稱為「難近母」。每年秋天，突伽天神信徒都會物色一位體型健壯長相俊美的男性來當作犧牲，奉獻給突伽天神，以祈求來年的好運。

這些匪徒看到玄奘法師，儀容、體格、氣度都非凡，喜不自勝地相顧言道：「這絕對是今年最好的祭品！」這段歷程，不知是否即為後來啟發《西遊記》作者撰寫各方妖怪都想吃唐僧肉的原型？

然而，玄奘法師依舊是一派從容地置生死於度外，只是平靜地向匪徒們說道：「我玄奘的血肉之軀只是汙穢不堪的臭皮囊，能給你們用於祭祀，我其實並不會吝惜。但我不遠千里而來，為的是禮拜世尊成道的菩提樹與世尊說法的耆闍崛山，並把珍貴的經法帶回大唐利益眾生；這樣的宏願尚未完成，各位施主如若現在便把我殺了，恐怕是不吉祥的。」

船上同行之人也紛紛向匪徒求情，甚至有人願意替代玄奘法師充當祭品。然而，匪徒們並不理會，即刻派人在樹林中清除出一塊空地，並用泥和水搭出一個祭壇。一番整頓完畢後，便把玄奘法師押上祭壇，準備要以玄奘法師的生命獻祭給突伽天神，一點時間都不浪費。

真是天有不測風雲、人有旦夕禍福；玄奘法師走了幾萬里路，歷經風霜與沙漠都沒能取走他的性命；沒想到，卻在那爛陀寺的跟前處遭此大劫。

然而，不似其他即將受死之人栗慄失色、挨告求饒，玄奘法師依然毫無懼色，連匪徒都不禁覺得詫異。玄奘法師自知難逃此劫，便向賊人說道：「希望你能給我一些時間，莫相逼迫，讓我能平靜歡喜地取滅。」匪徒同意了玄奘法師的請求，在祭壇上鬆綁了法師。

法師於是誠心地向十方敬禮諸佛，然後正念地端坐，專心不亂地意念兜率天宮的慈氏（彌勒）菩薩，發願希望能往生兜率天內院聽慈氏菩薩講說《瑜伽師地論》，成就智慧神通，然後再下生人間度化這些匪徒，令他們捨離惡業、修行正道。

玄奘法師的慈悲真是令人無比感佩，即使到了臨死的關頭，依舊心念眾生，絲毫不擔心自己的安危。真正的修行者，其氣度胸襟與安定大抵如是，而如此的安定卻又外鑠不來，必是功德內涵的透發。

就在玄奘法師端坐於祭壇上一心專念慈氏菩薩的時候，忽然感覺自己已經登上須彌山，越過四天王天、忉利天和夜摩天，來到欲界第四天的兜率天宮內院，看見慈氏菩薩端坐在妙寶臺上，正由諸天圍繞而說法。玄奘法師感覺到身心無比歡喜，完全忘記自己的肉身實際上正在祭壇上被眾匪賊所圍繞，而且即將遇害。

此時，玄奘法師其他隨行的眾人眼見法師即將被殺害獻祭，不禁在祭臺下悲泣哭嚎，傷心惶恐不已。

就在此時，霎時間，忽然天地變色，飛沙走石，狂風怒號，河面上湧起洶湧的波濤，把賊人的船紛紛打翻。面對如此突然的異象，土匪們心裡生起驚懼，感覺情況不太對勁，便問隨行的人：「法師是從哪裡來的？法號是什麼？」隨行的人回答道：「法師遠從中國來天竺求法，諸位如果殺了他，恐怕會獲罪無量。觀看如此風浪的情形，可能是天神生氣了，應該趕快懺悔才是。」

賊人聽完不禁冷汗直流、驚駭不已，紛紛趕忙向玄奘法師叩頭謝罪，乞求皈依，卻見玄奘法師依然端坐、沒有任何反應；賊人試探性地用手輕輕觸碰玄奘法師，玄奘法師才睜開眼睛、醒了過來。玄奘法師張開眼睛看到賊人，平靜地問道：「時候到了嗎？」賊人們立刻再次稽首懺悔道：「萬萬不敢再有加害法師的念頭！請您慈悲寬恕。」

玄奘法師慈悲地接受匪徒們的謝罪，並向他們講說業報因果：「殺生、偷盜、祭祀邪神而造諸多不善業，未來將獲無間罪報之苦。為何要為了這如電光火石般短暫的生命利益，去種下會延續阿僧祇長的苦果呢？」

眾匪賊聽完玄奘法師的開示，紛紛叩頭謝罪，亦感恩玄奘法師的殷勤善誘，並說道：「過去被顛倒妄想迷惑而做了不應該做的惡業，若不是有幸遇到法師感應天地，我們也沒有機會聽聞這樣的教誨。從今以後，我們立即戒斷這些惡業，請法師替我們做證。」說完，便將那些用來搶劫的凶器都投入河中，把搶來的衣物財寶歸還給眾人，當下還受了五戒。

不一會兒，風波便回歸平靜。眾土匪歡喜地向玄奘法師頂禮再三，然後辭別而去。眾人經歷這次的風波，更加地敬佩玄奘法師，大家都感受到玄奘法師求法的誠懇殷重。

在經典當中，佛陀也是如此地開示。印度一直以來信奉各種的神祇，有各種祭祀儀式。佛陀不因為所信仰的對象而判斷好壞，端看所做所為的內容。如《雜阿含經．八九經》所記載：

佛告優波迦：「若邪盛大會繫群少特牛、水特、水㹀，及諸羊犢、小小眾生悉皆傷殺，逼迫苦切，僕使作人，鞭笞恐怛，悲泣號呼，不喜不樂，眾苦作役。如是等邪盛大會，我不稱歎，以造大難故。若復大會不繫縛群牛，乃至不令眾生辛苦作役者。如是邪盛大會，我所稱歎，以不造大難故。」

如果祭祀的方式會造成眾生的恐怖、傷害、痛苦，便不是世尊所稱歎的。因為，我們能否走向更安樂、受苦少的生命方向，也就是未來的好運與幸福，乃至來世投生的去處，都與我們身、口、意業的造作有關；如果身口意業總是充滿了傷害自己與別人的念頭、行為，無論做了什麼樣的祭祀，都是增加更多惡業因緣而已，無法讓我們獲得安樂的未來。這方面可以搭配參考《中阿含經．業相應品伽彌尼經第七》中世尊的教導來理解：

世尊告曰：「伽彌尼！我今問汝，隨所解答。伽彌尼！於意云何？若村邑中或有男女，懈不精進，而行惡法，成就十種不善業道，殺生、不與取、邪婬、妄言，乃至邪見，彼命終時，若眾人來，各叉手向稱歎求索，作如是語：『汝等男女，懈不精進，而行惡法，成就十種不善業道，殺生、不與取、邪婬、妄言，乃至邪見，汝等因此緣此，身壞命終，必至善處，乃生天上。』如是，伽彌尼！彼男女等，懈不精進，而行惡法，成就十種不善業道，殺生、不與取、邪婬、妄言，乃至邪見，寧為眾人各叉手向稱歎求索，因此緣此，身壞命終，得至善處，生天上耶？」

伽彌尼答曰：「不也。世尊！」

……

「如是。……謂此十種不善業道，黑有黑報，自然趣下，必至惡處。」

「伽彌尼！於意云何？若村邑中或有男女，精進勤修，而行妙法，成十善業道，離殺、斷殺、不與取、邪婬、妄言，乃至離邪見，斷邪見，得正見，彼命終時，若眾人來，各叉手向稱歎求索，作如是語：『汝男女等，精進勤修，而行妙法，成十善業道，離殺、斷殺、不與取、邪婬、妄言，乃至離邪見，斷邪見，得正見，汝等因此緣此，身壞命終，當至惡處，生地獄中。』伽彌尼！於意云何？彼男女等，精進勤修，而行妙法，成十善業道，離殺、斷殺、不與取、邪婬、妄言，乃至離邪見，斷邪見，得正見，寧為眾人各叉手向稱歎求索，因此緣此，身壞命終，得至惡處，生地獄中耶？」

伽彌尼答曰：「不也。世尊！」

這段引文大意是說，一個做慣了十不善業的人，即使周遭的人都跟他說「你命終之後一定會往生天上、善處」，也是不可能的；就如同把大石頭丟進水中，然後在水邊不停叨念：「石頭浮出來！石頭浮出來！」還是無法讓石頭上浮的。相反地，一個人生平都是做十善業道，即使周遭的人都說他命終之後會下地獄，他也不會因為大家的話而下地獄。

因為，世間的因緣法則，是由一個人身口意三業堆積出來的生命品質與心態內涵所形成，而不是看旁人如何定義。諸佛菩薩教導因緣法，也不是出於他的「認為」、「解讀」或是「主張」；而是因為，甚深的禪定開發出非常通透的智慧，能如實看到這些因緣的流轉關聯，所以這般教導世人。

玄奘法師的開示極其如法，可說與世尊同一法、同一味。如那些匪人最後的感悟，若不是有這難得機緣的開示，這些匪人為了眼前的現世利益，未來不知要付出多大的代價。更敬佩玄奘法師的慈悲，即使在生命危難的關頭也沉著穩定，才能夠度化這些匪賊。

悉達多的故鄉故地

在森林度化了眾匪徒之後，玄奘法師一行人繼續往東，經過阿耶穆佉國、鉢羅耶伽國，穿過一個充滿猛獸和野象的森林，來到室羅伐悉底國（Śrāvastī）。室羅伐悉底國也就是佛經裡面經常出現的「舍衛城」，是佛陀時代波斯匿王的城都。

玄奘法師到達的時候，城內還能看見王宮的遺跡。舍衛城內有一個座塔，曾經是悉達多的姨母波闍波提比丘尼精舍；還有另一座塔，據說是央崛魔羅捨邪處。城南有一座園林，即是大名鼎鼎的祇樹給孤獨園（故事可參看《賢愚經．須達起精舍品第四十一》）。

所謂的「給孤獨園」較好理解，意思是由一位名為「給孤獨」（原名須達多、須達／Sudatta）的長者所建的精舍。「祇樹」音譯為「逝多林」，意思是一位太子祇陀（Jeta／祇頭、逝多）的樹林。給孤獨長者原為舍衛城的富商，為了幫世尊建造精舍，相中波斯匿王的太子祇陀所擁有的一片樹林。然而，太子不肯賣，便給幾孤獨長者出了一道難題：需要將黃金鋪滿整個園林地面才能買下祇陀樹林。

太子原本是想讓給孤獨長者知難而退；沒想到，給孤獨長者供養佛陀之心如此堅定，聽到太子願意出售，並不因價高而愁，反而歡喜地把家產全部變賣，真的湊出可鋪滿林地的黃金。給孤獨長者因此感動了祇陀太子，遂一起發心與給孤獨長者建造有名的「祇陀樹林給孤獨園精舍」，簡稱為「祇樹給孤獨園」。

原本只在經文中閱讀到的人事物，如今已然身處當年的空間，事件彷彿歷歷在目，不知玄奘法師的心情會有多麼感慨。

再往東南走八百多里，便來到悉達多太子的故鄉劫比羅伐窣堵國，也就是迦毗羅衛國（Kapilavastu）（今尼泊爾與印度的交界處）。玄奘法師抵達時，都城已經成為廢墟，但還能看見淨飯王的宮殿遺址；遺址上建了一座精舍，裡面供奉著淨飯王的畫像。北面則是摩耶夫人寢殿的遺跡，上面也建了一座精舍供奉摩耶夫人的畫像。旁邊還有一座精舍，是世尊降生母胎處，精舍內刻有菩薩降生的雕像。東北方有一座塔，是阿私陀仙人幫太子看相之處。還有太子乘馬踰城之處，以及先前太子出四門見老、病、死與沙門的城門遺跡。

城的東南處有一座佛塔，是世尊涅槃之後，該國國王分得舍利而建造來供奉的塔，傳聞此塔經常會放出光明。塔的一側有一個龍池，也傳聞龍時常會變化為人身繞塔禮敬。附近的野象經常會銜著野花來供養佛塔，還會用鼻子拔掉塔附近的雜草，以及用鼻子噴水灑掃。

據說，有一位僧人看到連野象都懂得要幫忙灑掃佛塔與供養舍利，深覺自己身而為人，怎能目睹佛塔舍利荒煙蔓草；於是，便自願留下來，在旁搭建小屋，種花種菜自食其力，終年寒暑不輟地守護及維持佛塔舍利。後來，附近國家的人民聽到這個消息，便紛紛捐款資助建立寺院。直到玄奘法師抵達的時候，伽藍都還有沙彌在主持，故稱沙彌伽藍。

沙彌伽藍的東面林中約一百里的地方，有一座也是阿育王建的塔，是悉達多太子踰城而出後，脫掉寶衣王冠、除去鬚髮讓侍從車匿帶回去的地方（相關故事紀錄於經典多處可見，可參看《過去現在因果經》、《普曜經》、《佛本行集經》等）。許多經典中記載佛陀的事蹟，包括，鹿野苑（即佛陀成道後初轉法輪、度憍陳如等五人處）、無垢稱菩薩（維摩詰居士）現疾說法處、佛陀許諸魔王涅槃處等遺跡，玄奘法師都一一參拜其遺跡與遺址。

一路又經過諸小國，來到摩揭陁國，正是世尊成道的菩提樹「金剛座」所在地。據說，金剛座是賢劫初成時便與大地一起出現的。金剛座位於三千大千世界的正中心，為金剛（一說是某種堅硬的寶石，筆者傾向將其理解為抽象的「不可被摧毀」之意義，而非單單是物質）所成，往下抵著金輪，上達天際。賢劫千佛都將在此菩提樹下的金剛座禪坐而進入金剛喻定，因此名為金剛座。

然而，進入像法、末法時代，正法逐漸被侵蝕，沙粒也逐漸覆蓋金剛座，於是現在是看不見金剛座的。佛陀涅槃之後，附近的諸國王聽聞沙粒將覆蓋的傳聞，遂在金剛座兩旁各立一座觀自在菩薩的雕像來標定南北的界線。據說，等到這兩座菩薩像完全被覆蓋的時候，就是正法沒盡之時。而根據玄奘法師的記載，他抵達的時候，南面的菩薩像已經被沙粒淹沒到胸口了。

至於那棵菩提樹，據說於佛陀在世時高達數百尺。然而，後來頻頻被一些暴惡的國王砍伐，玄奘法師看到時只剩下五丈（十五至十六公尺）高。金剛座旁有一座精舍，現在稱為摩訶菩提寺（Mahabodhi Temple）。

現今，雖然在菩提伽耶（Bodh Gaya）還能看見菩提樹與摩訶菩提寺，然而樹與寺院都不是原來玄奘法師當年所見的了；十二世紀伊斯蘭教徒入侵印度時，同時把寺院和菩提樹摧毀了。幸好，西元前三世紀時，阿育王的女兒曾經帶著佛陀時代的那棵菩提樹的枝條到斯里蘭卡扦插，並成功育成一棵樹。

一八八〇年，英國考古學家決定要重建摩訶菩提寺，便從斯里蘭卡取來阿育王女兒所移栽的菩提樹樹枝，反過來插枝在佛陀成道處的菩提樹位置，令菩提樹再次重生。該樹木在數十年間成功茁壯成長，至今已有一百四十年。

然而，二〇〇七年時，摩訶菩提寺的管理委員會發現菩提樹有越來越虛弱的跡象。因為太多遊客來參拜，旁邊太多照明與干擾，導致各種不利樹木生長的因素。相關單位目前正在極力搶救中，也採取了很多降低干擾的措施；可惜的是，這棵樹的狀況真的太不好了，很可能活不過五十年。

玄奘法師抵達世尊成道的菩提樹前，至心瞻禮跪拜、五體投地。凝視著菩提樹，不禁悲從中來，懊惱嘆道：「佛陀成道之時，不知道自己還漂流淪落於何處，以至於今天只能在像法時代才來到這裡。我的罪業何其深重啊！」如此悲泣，無法自已；旁邊看到的人，也無不被感染地一起悲泣嗚咽。

我們不難想像這種澎湃感動又感慨的心情。三千大千世界何其浩瀚莽蒼，歷劫亙古歲月漫長，已經來到離佛陀這麼近的空間，卻終究在時間上失之交臂；同樣的地點，卻錯過佛陀在世的極寶貴時段，即將又要面臨正法燈滅的無盡暗夜。未來不知還要浮沉於三界六道多少回，歷經生離死別、愁嘆苦憂惱多久，才能再有幸遇到佛法，指引我們走上真正的離苦得樂之道，怎麼能不感慨涕零！

玄奘法師在菩提樹停留了八九日，禮拜附近的世尊聖蹟。包括世尊初成道之時大梵天王勸請轉法輪之處，世尊為度化迦葉而降伏惡龍的洞窟（可參見《增壹阿含經．高幢品第二十四之一（五）》）、世尊六年苦行瘦成皮包骨的地方，以及旁邊河岸受食乳糜之處等。

第十日，那爛陀寺的住持聽聞玄奘法師到來，派了四位大德來迎接玄奘法師。終於，玄奘法師跋山涉水、歷經艱險西行的目的地就在眼前。

抵達那爛陀寺

玄奘法師跟著四位那爛陀寺的大德又走了一百里左右，終於抵達了當時可說是世界佛學學術中心的那爛陀寺。翻山越嶺，幾萬里的路程，九死一生，玄奘法師終於抵達了目的地。

「那爛陀」（Nālandā）是音譯，梵文意為「施無厭」或「無厭施」，全名是「那爛陀僧伽藍」（Nālandā saṃghārāma）。根據玄奘法師《大唐西域記》的記載，寺院名稱的由來有兩種說法。一說是伽藍南方的庵摩羅林中有一池子，原來池中住著一條名為「那爛陀」的龍，故取為寺名。另一說則是，釋迦牟尼佛往昔修菩薩行時，有一世為大國王，建都於此；因為樂善好施，被大家尊稱為「施無厭」，此地所建的伽藍便以之命名。

佛陀時代，此處為菴摩羅園（即芒果園），並無寺院，也是尊者舍利弗出生地（案：在《慈恩傳》則記錄為尊者目犍連的出生地，但資料查到的是舍利弗。不過，兩位尊者的出生地其實相近，兩位尊者的家人也是好友至交，也可說兩位尊者的出生地都在此附近）。世尊曾在此說法三個月，後來便成為雲遊僧侶聚集在此進行深度思想活動的地方。

法顯大師（西元三三七至四二二年）至印度遊學時（西元四〇六年），那爛陀仍然只是聚落，有舍利弗的舍利塔，但無寺院。後來笈多王朝（Gupta Empire，西元三一九至五五〇年）的國王陸續建寺、擴展，才發展成規模宏大的學習佛法學院。

自第五世紀之後，那爛陀寺就成為印度學習佛法最大規模的學院與研究中心，甚至堪稱第一個國際寄宿學校，提供四面八方而來的僧侶住宿、學習。除了玄奘法師，後來的義淨法師（西元六三五至七一三年）、玄照法師（又名照慧法師）以及洛陽智弘律師等大德，也都曾來此學習過。鼎盛時期，教師有兩千人以上，學生上萬，可見其規模驚人。那爛陀寺就類似佛學版本的哈佛、劍橋大學，聚集了當時最頂尖的佛學人才。

除了規模大、人數眾多、高僧雲集，那爛陀寺另一個最出名的特點是藏經量最為完整豐富。那爛陀寺中用了整整三座大殿堂來存放佛經，可說是佛經的寶藏大海，這也是為什麼玄奘法師一心要到那爛陀寺「取經」的原因。

那爛陀寺從五世紀開始，一直鼎盛繁榮到十世紀。可惜，笈多王朝於八世紀時逐漸衰敗，印度的佛教也逐漸沒落，印度教又逐漸盛行起來。到了十二世紀，西元一一九三年時，突厥人帶兵侵入那爛陀寺，將寺院和圖書館破壞焚毀，並下令處死「削髮者」——即出家人。為了躲避戰事，那爛陀寺的僧侶大批轉往西藏避難。至此，那爛陀寺失去昔日的榮景，逐漸被世人所遺忘，最後成為今日所看見到的斷垣殘壁。

一直到十九世紀，一八六一年，那爛陀寺院的遺跡重新被探索和挖掘。現今，那爛陀總共分為三個部分：古那爛陀大學、新那爛陀大學和那爛陀大學。古那爛陀大學指的是歷史上的那爛陀寺，新那爛陀大學（Nava Nalanda Mahavihara）則是一九五一年十一月二十日在那爛陀寺遺址北側建立的，旨在復興古那爛陀大學，其運作模式為「等同大學」（deemed university），意思是在特定研究領域有極高標準的研究工作之高等教育機構；雖非大學，但授予其等同於大學的學術地位和特權。

而那爛陀大學（Nalanda University），則是二〇〇六年由新加坡帶領、提議重新興建之那爛陀大學。二〇〇九年東南亞國家協會（ASEAN）與中國大陸、印度等國家聯合聲明，支持復興那爛陀大學，並將其建立成非國有、非營利且獨立經營的國際機構。二〇一四年九月一日，籌辦多時的那爛陀大學正式開學，距離那爛陀寺遺址十二公里遠，目前只招收研究所學生。

從玄奘法師一路走來看到的許多遺跡，或者在當時就已經成為廢墟，或者由古至今這一千多年間，陸陸續續遭受摧殘，如巴米揚大佛、古那爛陀寺、菩提樹等，或者即將凋亡——如現今這棵重新植栽的菩提樹。就歷史人文方面的價值而言，難免覺得有些可惜；然而，在佛法的學習上，比起盡全力地保存這些遺址，或者譴責破壞它的人事物，更重要的也許是體會這過程中所示現的成住壞空。

佛教經典一直在告訴世人，「一切有為法，如夢幻泡影」；因為世間法皆是因緣聚合的，便終會因緣變化而改變、結束。所以，重點不是花力氣在保存、維持這些有為法，而是藉由假因緣聚而成的短暫軀體、寺院或學校等組合，鍛鍊而培養出生命的品質，開發出各種能力，所謂福德、功德、智慧等資糧，這些才是可以在心路歷程當中帶走的。

佛教的雕像、畫像，更重要的核心精神在於提醒世人諸佛菩薩的事蹟，以激勵世人學習，培福培慧；哪怕是經歷成住壞空的過程，也是很好的教學示現，而不是為了永久地保存，讓世人膜拜。

正法藏戒賢大師

也許是因為感佩玄奘法師不遠萬里而來，玄奘法師在那爛陀寺得到非常高規格的待遇；除了日常用品一應俱全，甚至免除了玄奘法師的雜務工作，讓法師可以專心一志地學習。

在那爛陀寺，玄奘法師終於拜見到了心仰已久的高僧戒賢法師。玄奘法師以極為莊重的印度禮俗向戒賢法師拜師修習《瑜伽師地論》。當戒賢法師聽到玄奘法師是從中國前來、專門向他學習《瑜伽師地論》的時候，感動得熱淚盈眶。眾人並不解其因緣，戒賢法師於是請他的弟子、同時也是他的姪子覺賢法師來說明這背後的故事。此時，覺賢法師已經七十多歲了，戒賢法師更是高齡九十。

覺賢法師噙著眼淚說出戒賢法師的故事。原來，戒賢法師長年患有風濕，每次發作的時候，手腳都會痛得像刀割火燒一樣，二十多年來反覆發作。三年前，疾病的嚴重程度到達新高峰，令戒賢法師痛不欲生，使得戒賢法師益發厭患此身，有意以絕食的方式讓生命走到盡頭。

然而，當他絕食準備自盡的時候，某天夜裡於夢中出現了三位天人，一位是黃金色、一位是琉璃色（青色）、另一位是銀白色，他們的容貌端正，儀態清明超然。三位天人來到戒賢法師面前，問他：「你是否想要厭棄此身呢？由於過去世你曾經當過國王，當時讓你的國民遭遇了一些痛苦，因此現在招此業報。你現在應該好好省視並誠心懺悔，安忍於這番苦痛，勤勉地宣說經法；如此一來，你的罪業就會慢慢消滅；如果你想用毀棄身體的方式逃避，痛苦是不會結束的。」

戒賢法師聽完這席話，誠心地跪地禮拜。

接著，金色天人指著青色天人對戒賢法師說：「你可識得這位嗎？這位是觀世音菩薩。」然後指向銀白色天人對戒賢法師說：「這位是慈氏（彌勒）菩薩。」戒賢法師一聽，趕忙前去禮拜慈氏菩薩，問曰：「戒賢經常希望能投生到您的尊前，不知道這個願望是否會實現？」慈氏菩薩回答道：「當你廣傳正法後便能投生。」

金色天人又自己說道：「我是曼殊室利（文殊師利）菩薩。我們看見你打算徒然地犧牲生命，而沒有獲取真正的利益，因此前來勸說。希望你能顯揚正法《瑜伽師地論》，讓未聽過的人都能聽聞。你的身體很快就會恢復，不必擔心。將有一位遠從中國而來的法師想要向你學習《瑜伽師地論》等大法，你需耐心等待並好好地教導他。」

戒賢法師聽完，再次誠心地跪地禮拜，說道：「一定會謹遵聖者教誨」。

當他再次抬起頭來，三位天人已經不見。從那一次起，戒賢法師心裡便一直銘記著尊者們的教誨，勤勉地講經說法，身上的病痛也真的漸漸痊癒。因此，當戒賢法師聽到玄奘法師是遠從中國而來的，才會如此激動與感動，因為真的應驗了三位菩薩的預言。戒賢法師又問玄奘法師路途走了多久，玄奘法師答曰三年；戒賢法師感嘆道，正好也與那個夢相應（也許是指三位天人的「三」）！

玄奘法師聽到自己的到來早已經被菩薩預言授記了，也感動得不能自勝，再次至誠地禮拜而謝曰：「玄奘當盡力聽習，願法師慈悲攝受誨教。」整個場面非常感人，師徒之情溢於言表。

那爛陀寺中既研讀菩提道的經典，也研究解脫道的經典，還研究吠陀等典籍，包括因明、聲明、醫方、術數等。可以說非常多元開放，激盪全方面的思想。因為如此開放，才能兼容並蓄；因為兼容並蓄，所以自信而弘大，這是思想非常健康的象徵。

寺院平均客僧在一萬人左右；但是，通曉二十部以上的只有一千多人，而通曉三十部的約五百多人，能通曉五十部經典以上的大約只有十人，其中就包含玄奘法師。戒賢法師則精通一切經論；因為他如此德劭望重，被眾僧尊為最上的法師，稱呼他為「正法藏」。

寺院裡每天都有約一百個道場同時開講授課，學僧們也非常愛惜光陰，不浪費一點時間。整個寺院都是德行高逸的僧人，建寺以來沒有一人破壞過清規，是一個非常莊嚴自持的寺院。

玄奘法師在那爛陀寺整整將《瑜伽師地論》聽聞了三遍，仔仔細細地聽聞研讀，勤勤懇懇地向戒賢法師請益。要知道，現存漢譯的《瑜伽師地論》為玄奘法師所譯，共一百卷、九十四萬字之多，是一部內容極其豐富的論典。相傳為犍陀羅國的無著（Asanga）大師在夜間禪定中至兜率天內院親自向彌勒菩薩學習，之後再書寫下來的論典。

瑜伽（yogā），其梵文義為「連結、相應」，內容主要講述的是禪修時各種心行、心相。由於我們的心無形無相，在禪修過程中難免感到摸不著邊際，或者容易覺得無所適從，不知道自己究竟已經到何種程度，又該如何繼續修習。《瑜伽師地論》中便詳細、次第且有系統地完整教導禪修過程的每一步心行階段，對於要學習禪修的修行者來說是很重要的指引。這當中多為非常抽象的心行描述，即便現在閱讀漢譯本都不免覺得艱澀繁複，何況當時玄奘法師需用梵文學習，困難程度可想而知。

然而，玄奘法師當真聰敏舉世無雙，師習《瑜伽師地論》之餘，竟還有心力學習婆羅門的典籍、偈頌、聲韻等，且能以梵文與印度僧人討論經義。玄奘法師就這樣在那爛陀寺孜孜不倦地學習了五年。

王舍舊城遺跡

住在那爛陀寺期間，玄奘法師會到附近的舊王舍城去禮拜遺跡。王舍城四面環山，有一座山峰形狀特別像鷲鳥，因此被稱為「靈鷲山」；上面有一處地形平整、像一座高臺，以前世尊便曾在這裡開演《法華經》與《大般若經》等法會。

王城附近還有一座竹林，林中有一個大石室，是佛陀弟子尊者大迦葉（Mahākāśyapa／摩訶迦葉）召集一千位阿羅漢進行第一次三藏集結的地方。由「持律第一」的尊者優婆離（Upāli）誦出律藏，「多聞第一」的尊者阿難（Ānanda）誦出經藏。因為這次的集結是尊者大迦葉居為上座，故此次集結的三藏又被稱為「上座部」。

竹林之西約二十里的地方，另外還有一座佛塔，也是阿育王所建；那些在尊者大迦葉集結經典時候未能參加的修行者們，便在此集結，所集結出的經典則被稱為「大眾部」。隨著「上座部」與「大眾部」兩方的修行者對於經法解讀的分歧，後來又逐漸衍生出更多的部派，遂成為如今所見因不同地區、不同文化而有不同解讀的佛教。

就人類學、歷史文化學或者社會學的角度，這些發展是豐富而珍貴的文化資產；因為，其記錄了當時的社會思想，也能看見思想的沿革流變。不過，就佛法而言，更重視的仍應該是離苦得樂的核心教導。畢竟，世尊降生於世間，並不是為了成為萬民景仰的教主；否則，成為一國國王乃至一統天下的君王可能更為立即而有效，不必為此出家學道乃至生生世世修行。

佛陀降生於世是為了度化眾生，指引眾生從無盡的無明暗夜長巷中脫困；而眾生能脫困的關鍵，則在於對於世界、生命以及煩惱的透徹認識。如同想要製作出機器或者化合物，需要對於器械運作或者化學反應過程等相關機制瞭如指掌，方能做到如實地製作、調整。因此，佛陀所教導的修行智慧，觀照生命與心意識的流轉機制之實相也是如此；任何修行者跟隨佛法修行，因覺知而開發的智慧，以及所觀照的生命實相，亦是同一味、同一義。

因此，就根本實相而言，其實是沒有分歧的，如《大寶積經．佛說入胎藏會》當中所說：

「難陀！我不共世間作諸諍論，然而世間於我強為諍論。所以者何？諸知法者不與他諍，離我、我所共誰為諍？由無見解起妄執故，我證正覺，作如是

> 語，我於諸法無不了知。難陀！我所言說有差異不？」
>
> 難陀言：「不也，世尊！如來說者無有差異。」
>
> 佛言：「善哉、善哉。難陀！如來所說必無差異。如來是真語者、實語者、如語者、不異語者、不誑語者，欲令世間長夜安樂獲大勝利。是知道者、是識道者、是說道者、是開道者、是大導師，如來、應、正等覺、明行足、善逝、世間解、無上士、調御丈夫、天人師、佛、世尊。世間之人無知無信，常與諸根而為奴僕，唯見掌中不觀大利，易事不修難者恆作。……難陀！汝莫信我、莫隨我欲、莫依我語、莫觀我相、莫隨沙門所有見解、莫於沙門而生恭敬，莫作是語：『沙門喬答摩是我大師。』然而，但可於我自證所得之法，獨在靜處思量觀察，常多修習，隨於用心所觀之法，即於彼法觀想成就正念而住，自為洲渚、自為歸處，法為洲渚、法為歸處；無別洲渚，無別歸處。」

法爾如是，無諍論性；然而，教法畢竟在人間中流傳，隨著不同的修為、理解程度乃至不同語言的落差，便難免有了不同的解讀，如《大乘入楞伽經·

羅婆那王勸請品》中所說：「楞伽王！非但如上法有差別，諸修行者修觀行時，自智所行亦復見有差別之相。」因此，有勞如玄奘法師這樣的大師，以越辯越明的方式點亮正法寶藏。

然而，如經典中佛陀之教導，究竟真實的智慧無法從他人獲得，也不應從他人獲得，最終須是來自於修行者聽聞佛法後如理思惟、如法修行實證而來。玄奘法師之所以能經常以經法服眾，也許不僅是聰明才智、博學多聞或者口才便給，更是因為玄奘法師如實地修行，觀照到實相的智慧；再厲害的口才也辯不過生命的真實，這或許才是最關鍵之處。

周遊印度參學

在那爛陀寺學習了五年之後，玄奘法師一時之間還不捨得歸國，便打算再去遊歷印度其他地方。

在那個不是一張機票就能出國的年代，我們應該能體會玄奘法師的心情：這一次前來大概就是此生唯一的一次了，歸國之後也不太可能再來。因此，玄奘法師特別想善用機會再多看、多學習。

於是，玄奘法師離開那爛陀寺繼續向東行走。又經過了許多印度的諸小國家，最後來到了臨海的三摩呾吒國（大約位於今天的加爾各答），已經到了印度的最東邊。那裡也能看見阿育王所建的佛塔。玄奘法師並記載道，那裡的人民膚色黑黝、性情剛烈。

接著，玄奘法師開始往南走；由於印度的形狀呈現倒三角形，所以往南走的同時也逐漸地往西。走到耽摩栗底國（在今印度西孟加拉邦米德納普爾〔Midnapore〕的塔姆盧〔Tamluk〕附近，為印度東部重要港口）的時候，玄奘法師聽聞在南方的海上有一個島叫做僧伽羅國（又名執獅子國，也就是今日的斯里蘭卡），島上有精通上座部三藏與《瑜伽經》的高僧，玄奘法師便打算要乘船去拜訪。

幸好，在出發之前，另一位高僧對玄奘法師說，從耽摩栗底國搭船過去路途非常遙遠，海上風波極大；最好到南印度的海角再搭船過去，只需要三天便能抵達。

聽從了高僧的建議，玄奘法師繼續以陸路的方式向南走；沿途經過的地方，也多有信奉佛教的寺院，祭祀天神的也不少，途經烏荼國、恭御陀國、馱那羯磔加國等國皆大致如此。終於，來到達羅毘荼國的建志城，這裡是搭船前往執獅子國的地方，也是達摩波羅（Dharmapāla）的出生地。達摩波羅是唯識十大論師之一，著有《因明論》、《廣百論》、《唯識論》等著名論典。

就在玄奘法師準備搭船前往執獅子國（斯里蘭卡）的時候，發現海上有許多僧侶搭船而至。原來，執獅子國的國王駕崩，國內一片混亂；因此，包含精通上座部三藏與《瑜伽經》的高僧在內的許多僧侶紛紛搭船逃向印度大陸，故而出現在建志城。於是，玄奘法師便在建志城向諸位高僧請益經法。

之後，隨著執獅子國來的僧侶一起往西北方向參訪遊歷。雖然沒有走到印度最南邊的角，但建志城也幾乎要接近印度的最南端了。

就這樣，玄奘法師開始往西北的方向遊歷，一路又跨越了印度一直到了如今孟買附近的西北角，還繼續往西北上，越過印度河的入海口，到了今天巴基斯坦境內海濱地區一處叫狼揭羅國的地方。根據玄奘法師記載，狼揭羅國是通往海上西女國的路。西女國據說只有女人沒有男人，鄰國的拂懍王每年都會配送男子到島上去；如果西女國的女子懷孕產下的是男嬰，便一概不會扶養。這可能就是《西遊記》中「女兒國」的原型。

從狼揭羅國玄奘法師開始往東北走，最後抵達鉢伐多國（在今巴基斯坦境內中部偏東北方）。此國有三位大師居住，也是慎那弗怛羅論師（**Jinaputra**，又名最勝子）作《瑜伽師地論釋》的地方。玄奘法師於是在此地又停留了兩年，學習《攝正法論》與《教實論》等。待玄奘法師往東回到那爛陀寺，時間又已經過去了五年。

玄奘法師好學不倦、不以為足的學習態度著實令人欽佩，一心想的只是學習、通達佛法，真實地面對煩惱，所以不會為地位、名聲等外在事物所困囿。

印度北到南全長三千多公里，從東到西全長亦近三千公里，法師沿著三角形的邊長走，又是一萬公里的路程。為了不遺漏任何一點學習的機會，玄奘法師繼西行之萬里路後，又在印度遊歷了一萬公里。古今中外，只怕少有人能超越玄奘法師的遊歷、經歷和視野之豐富。

回到那爛陀寺，玄奘法師憶起五年前要遊歷印度之前，戒賢法師曾向他勸誡：「學習佛法固然是重要的，但學習佛法之後的流通傳播也同樣重要。人的一生時間極為短暫，如果蹉跎了歲月，恐怕會減損傳法的機會。」玄奘法師深感此話的道理，心中逐漸興起了該歸國把佛法帶回大唐的想法。

此時，玄奘法師已經是四十二歲的中年了；當初闖出玉門關的時候，玄奘法師還是一個二十八歲的青年，一晃十四年過去了。印度從古至今，在階級制度下，從來不乏一些社會底層孤苦無依的人民；玄奘法師遊歷了整個印度與中亞，既與諸多雄霸一方的國王多有接觸，亦經歷不少底層百姓的困苦，可謂從上至下看盡世間百態與眾生的困境。無論是高高在上、富可敵國的呼風喚雨、不可一世，還是被壓在最底層、遭受欺壓霸凌、朝不保夕的極度貧困，煩惱痛苦都是其基調，只是表現的方式不同。

想必，玄奘法師這一路走過，伴隨著腳上的厚繭與臉上的風霜，一起增長的更是豐厚的智慧與對眾生的悲憫，不變的則是常隨佛學與度化眾生的決心。

第六章　去與來時事一同——歸程

此國是佛生處，非不愛樂；但玄奘來意者，為求大法，廣利群生。……願以所聞，歸還翻譯，使有緣之徒同得聞見，用報師恩，由是不願停住。

那爛陀寺旁的王舍城外約三十里處，有一處名為杖林山，是勝軍論師（Jayasena）長住的地方。

歸國之夢兆

勝軍論師是剎帝利階級的，自幼便喜愛讀書，先從師賢愛論師學習因明，又從師安慧菩薩學習聲明以及大、小乘論典，還與戒賢法師學習《瑜伽論》，此外也學習吠陀典籍與天文、地理、醫方、術數，可謂是難得的人才。他的學習方式是追根究底地鑽研，而非單純地博聞強記，方能如此融會貫通，學識也融進他的個人修為。因此，除了外在的學識涵養，內在的德行修持更是為世人所尊敬。

摩揭陀國的國王滿胄王十分愛惜賢才，聽聞勝軍論師的才德十分景仰，便派人去他家迎接，欲將他立為國師，但勝軍論師不肯接受。滿胄王過世以後、戒日王即位，用更豐厚的封地與酬賞想拜勝軍論師為國師；但是，三次誠懇拜請，三次都被勝軍論師婉拒謝絕。勝軍論師說：「我聽聞，受人的食祿便要替人效勞解憂；但是，我忙著替浮沉於生死的眾生排憂解難，哪有多餘的時間為國王一人效勞。」說罷，恭敬地長揖之後便離開了，國王的人也留不住他。

自此之後，勝軍論師便長住在杖林山，每日講授佛經，門下弟子有百來位，玄奘法師也是其中一位。他師事勝軍論師長達兩年，學習《唯識決擇論》、《意義理論》、《成無畏論》、《不住涅槃》、《十二因緣論》、《莊嚴經論》，以及請教《瑜伽論》與因明等學問之疑點。

有天夜裡，玄奘法師在杖林山歇息時，忽然夢見那爛陀寺的院房成了一片荒蕪，只繫了一頭水牛，完全不見僧侶。夢中，玄奘法師從那爛陀寺的幼日王院西門進入後，看見第四重閣上有一位金色的人；金人相貌非常莊嚴，金光照滿了整個閣樓。玄奘法師非常高興，想要上前禮拜，卻找不到路可以上樓，便祈請金人可以接引他上去。

此時，金人開口說道：「我是文殊菩薩。由於你還有一些業緣牽引尚未了結，所以還上不來。」接著，指著那爛陀寺的外面說：「你看。」玄奘法師順著文殊菩薩指引的方向一看，見到寺院外的村落房屋都在大火當中焚燒成灰燼。然後，文殊菩薩說道：「你應該早點離開這裡回國了。十年之後戒日王將會駕崩，屆時印度會陷入一片混亂、惡人到處相害。你及早知道，好有所準備吧！」說完這席話之後，文殊菩薩就消失不見。

玄奘法師醒來之後，對這個夢境感到頗為奇特，便告訴勝軍論師這件事，想聽聽勝軍論師的看法。勝軍論師說道：「經典裡教導，三界如同火宅，沒有安穩之處，大概就是這個意思。仁者你既然獲得了這個預示，便好好思慮應對之策吧！」

或許，玄奘法師的求法、愛法之心，一路走來都讓菩薩在左右護念著，所以在路途上有許多護持與異象，西行求法也事先預告戒賢法師；現在，與許是菩薩看到玄奘法師在印度逗留不歸，便示現無常以敦促法師儘早返國傳法。後來，大唐派往印度的使者王玄策，確實印證了戒日王駕崩後印度陷入混亂的預言。不過，這是後話了。

這個夢兆，讓玄奘法師更加決定要準備歸國。然而，或許又如夢境中的金人所示，玄奘法師尚有一些業緣未了而無法登上閣樓，似乎顯示玄奘法師還有一些因緣的羈絆，導致他無法馬上踏上歸程。因為，就在玄奘法師準備要歸國的時候，戒日王傳來了信件給戒賢法師，要他們出戰辯論。

受邀辯法論戰

前面提到過，世尊涅槃之後，弟子們分別集結為「上座部」和「大眾部」的經文流傳，由於智慧與修為的參差，開始對世尊所教導的法有了分歧的解讀。經過了幾百年的流傳，分歧益發嚴重，遂在印度興起各種部派，各自有其主張，引發了眾多不同的爭論。

例如，同為大乘佛法，便有些人認為《中論》、《百論》與《瑜伽師地論》的道理是不相容的；玄奘法師則認為，兩者絕不會不相容，便著了《會宗論》

三千頌來論述此意。讀過《會宗論》的僧眾乃至戒賢大師都認為很有道理，值得稱頌。

玄奘法師在那爛陀寺經常接受不同外道、婆羅門與不同主張的法師來詰難，但從來沒有在辯論法義的過程中落過下風。於是，玄奘法師在印度的名氣越來越盛；有些修行者前來論辯時，甚至會因為畏懼玄奘法師的名氣而導致臨場時說不出話來。

戒日王討伐恭御陀國時途經烏茶國，發現該國的僧侶信奉解脫道的教法而排斥大乘之教法，甚至謗斥大乘為「空花外道」。烏茶國有一位高僧般若毱多撰寫了《破大乘論》七百頌，在烏茶國乃至師習解脫道的地區，廣為流傳而受到崇敬。般若毱多的家世和身份地位都非常顯赫與崇高，出身於高貴的婆羅門種姓，且是當時南印度的灌頂師——替國王行灌頂禮的帝師，因此他的主張影響非常深遠。

般若毱多也把《破大乘論》呈獻給戒日王，並說道：「我們的宗旨便是如此，大乘的學習者絕對無法駁斥這論中的任何一句偈頌。」戒日王並不認同這樣的狂言，般若毱多又很自信地說道：「假如大王不相信，歡迎邀請大乘的僧人來辯論，誰是誰非便能有個定論。」

於是，遂有了前面提到的戒日王送信至那爛陀寺，要他們派請幾位高僧前往論辯的事。

其實，諸佛世尊設立三乘道乃至八萬四千法門，莫不是為了接引眾生，隨著眾生的根性條件不同，而施設適合接引的修行思想與方式。我們可以參考幾則經文，來了解一下佛陀的多元教化方式。

《悲華經．檀波羅蜜品》中如此教導：

復於如是一恆河沙等五濁惡世作大利益，安止眾生住於善法及三乘中，滅除怨賊、鬪諍、穢濁。

由這段經文可以瞭解，安止眾生於善法與三乘當中，是為了熄滅怨賊、煩惱、爭鬥。

《大乘本生心地觀經・報恩品》中如此教導：

為諸資糧及四善根諸菩薩等、二乘、凡夫，隨宜為說三乘妙法。為諸菩薩說應六波羅蜜，令得阿耨多羅三藐三菩提究竟佛慧。為求辟支佛者，說應十二因緣法；為求聲聞者，說應四諦法，度生老病死、究竟涅槃。為餘眾生說人天教，令得人天安樂妙果。諸如是等大小化佛，皆悉名為佛變化身。

從此段引文，我們可以瞭解，面對不同的根器、不同條件、不同需求的眾生，佛陀便權宜地使用不同的法門來接引。也就是說，不同的法門是為了接引不同的眾生，而不是用來分別高下、對立鬥爭的。不同法門、不同修行道路，是為了達成同樣的目標。

在以下兩段經文中，我們可以看到佛法更完整的圖像。《妙法蓮華經・方便品》云：

佛告舍利弗：「諸佛如來但教化菩薩，諸有所作，常為一事，唯以佛之知見示悟眾生。舍利弗！如來但以一佛乘故，為眾生說法，無有餘乘，若二、若三。舍利弗！一切十方諸佛，法亦如是。……舍利弗！現在十方無量百千萬億佛土中，諸佛世尊多所饒益安樂眾生，是諸佛亦以無量無數方便，種種因緣、譬喻言辭，而為眾生演說諸法，是法皆為一佛乘故。是諸眾生從佛聞法，究竟皆得一切種智。」

「舍利弗！是諸佛但教化菩薩，欲以佛之知見示眾生故，欲以佛之知見悟眾生故，欲令眾生入佛之知見故。舍利弗！我今亦復如是，知諸眾生有種種欲，深心所著，隨其本性，以種種因緣、譬喻言辭、方便力而為說法。……舍利弗！十方世界中，尚無二乘，何況有三。舍利弗！諸佛出於五濁惡世……劫濁亂時，眾生垢重，慳貪嫉妬，成就諸不善根故，諸佛以方便力，於一佛乘分別說三。」

《佛說大方廣善巧方便經》則云：

佛言：「大迦葉！樂說當說，今正是時。」

大迦葉言：「世尊！譬如世間有無數百千人眾，於其曠野險難之處見有一門，而彼人眾爾時各各從其門入。過是門已，次見道路，其路懸曠，險惡多難。彼諸人眾見是路已，咸生怖畏。是時，有一智人具善方便，欲為多人利益安樂，即告眾言：『汝等當知，去此不遠有一大城。其城廣闊，嚴麗清淨；人民熾盛，安隱豐饒。入彼城者，適悅快樂。誰當愛樂入其城中，即能遠離險難怖畏。』時彼眾中有一類人聞是語已，即時發言：『我今樂入。』入是城已，見其豐饒、安隱、快樂，生希有想，愛著不捨，即於彼住不復樂出。有一類人聞說其城，即時發言：『我亦隨順入彼城中。』是人雖入，不樂彼住，後復還出。又復眾中有一類人雖聞是語，不能前詣入彼城中。

「世尊！彼有智人過此城已，又復行於曠野險路。出是路已，見一道徑，其徑狹小，可一尺量。徑之左面有一大坑深百千肘、徑之右面復一大坑深百千肘，若或有人墮是坑者不能出離。彼徑四向，有一類人發是聲言：『我於此處生大怖畏。』又復去彼狹徑不遠有四衢道，一類人眾遊履其道，隨其所向彼彼皆能見有大城；如如所見，彼彼隨應而生愛樂。時彼智人見是狹徑已，即行其徑到安隱處。

「世尊！世間無數百千人者，當知即是諸愚異生。一門者，當知即是取一有身；彼曠野險難中見道路者，當知即是生死險難之路；其路懸曠者，當知即是無明、有愛為因，受果極懸遠故。彼有智人能唱導者，當知即是具善巧方便菩薩摩訶薩。

「彼大城者，即是二乘所證涅槃。有一類人入彼大城愛樂安住、不求出者，當知即是聲聞、緣覺，下劣信解，生止息想；彼一類人亦欲隨順入其城中，不樂安住、後還出者，當知即是餘諸菩薩，成就最上信解心故；彼一類人雖聞是語不能前詣入其城者，當知即是少福、無智、諸外道輩。

「彼有智人過此城已又復出彼曠野路者，當知即是具善巧方便菩薩摩訶薩精進波羅蜜多故。彼一尺量狹徑路者，當知即是最上法界；左面坑者，當知即是彼聲聞地；右面坑者，當知即是彼緣覺地。彼徑四面有一類人發怖畏聲者，當知即是諸天魔王及魔眷屬；彼四衢道者，即是四攝法門。隨其所向彼彼皆能見大城者，當知即是彼二乘人，隨其所應見佛功德、見佛所行及佛智慧，生愛樂故；時彼智人到安隱處者，當知即是到一切智地。

「世尊！如是等譬喻說者，當知皆是菩薩摩訶薩善巧方便引導眾生，是為菩薩最上勝行。以是義故，我於菩薩摩訶薩所應敬禮。」

爾時，世尊讚尊者大迦葉言：「善哉，善哉。汝大迦葉善說此語。」

由前引兩部經典的經文，我們可以對諸佛的教導有一個較完整的立體圖像之理解。諸佛菩薩透過長時間的修行、開發智慧所見的世界實相，開演給眾生，希望引導眾生前往安樂多、困苦少的方向前進。這是共通核心的方向，無論是哪一個法門、哪一乘道，差別只在於不同根器適合的接引方式，以及眾生現階段條件可以走到哪裡的差別。由於修行以及佛菩薩的度化始終都是進行式，現階段若是以聲聞、獨覺、乃至人天乘的方式接引眾生，不等於就停留在此，後續接著適合什麼樣的接引法門，便轉換方式繼續教導指引。

如同第二段的「城喻」，有些眾生到了某個地方就會想要停下來，或是會害怕、退縮，但都不會妨礙諸佛菩薩最終是希望引導眾生至成佛。倒不是因為成佛最「高尚」，這跟貴賤高低毫無關係；只是因為成佛之覺悟才是最究竟清淨的解脫與安樂，是基於這個原因才要指引眾生往此方向前行。

在《妙法蓮華經》中明確解釋了此一精神。原是諸佛菩薩慈悲接引眾生的方便法門，卻因雜染了眾生的煩惱，遂變成高低是非的爭論，或為自身名聲、或為自己宗派的勢力而爭高下，仍掉落在我執及其衍生的「我」族之窠臼中，在煩惱中生出更多煩惱，實讓人不勝唏噓。這正是經典中所說的障礙之事，可參見《大寶積經．如來不思議性品》之經文：

復有九法能為障礙，何等為九？謂：於我身去、來、今世作不饒益生惱害事，於我所愛去、來、今世作不饒益生惱害事，我所不愛於去來今世作饒益生惱害事。

這段經文所言，實在一針見血。

《大般涅槃經》中還說：

有四善事獲得惡果。何等為四？一者為勝他故讀誦經典，二者為利養故受持禁戒，三者為他屬故而行布施，四者為於非想非非想處故繫念思惟，是四善事得惡果報。若人修習如是四事，是名「沒已還出，出已還沒。」何故名「沒」？樂三有故。何故名「出」？以見明故，明者即是聞戒施定。何故還沒？

增長邪見生憍慢故。是故我於經中說偈：

若有眾生樂諸有，為有造作善惡業；

是人迷失涅槃道，是名暫出還復沒。

行於黑闇生死海，雖得解脫雜煩惱；

是人還受惡果報，是名暫出還復沒。

善男子！如彼大魚因見光故暫得出水，其身重故還復沉沒。

在經文中能一再看出，修習佛法完全是為了要認識自身的煩惱障礙，調伏內心的煩惱障礙，在長遠的生命歷程、心路歷程下功夫。想要用佛法來勝他或是獲取名聞利養的事情，實為是煩惱障礙的一種；因為，這表示對世間短暫結合的情形深著耽溺。一般世人如此無可厚非，如果學習佛法之人也以為學習佛法是為了要勝過他人或追求名聞利養，恐怕便離佛陀的教導越來越遙遠了。

無論如何，人世間的情況終於還是順著因緣演變成這樣，產生各種爭論以及想要分出勝負輸贏的情形；佛教行者能做的，也只是盡可能在這樣的因緣當中，導引出正確的法義。

那爛陀寺接到戒日王的來信，經過討論後，決定派出海慧、志光、師子光法師、以及論戰之常勝軍玄奘法師共四位。

遠從中國來的玄奘法師，使用非母語的外語，居然能做到代表那爛陀寺出戰辯論，實在甚為難得。辯論需要非常流利與熟練的語言能力；如佛法、哲理之類的辯論，其語言使用的精細度又更加吃重，必須高度掌握一門語言方能做到。由此可見玄奘法師的外語以及佛法有多精專，有留學過的人必能體會這實在非常不容易。

為了更加了解對方的立論，玄奘法師請一位他過去曾經降伏過的婆羅門替他講說《破大乘論》的內容，然後根據其內容製作了《破惡見論》一千六百頌，一一對《破大乘論》的內容破邪顯正。戒賢法師與其他高僧看完，無不稱歎，認為玄奘法師所做的這篇《破惡見論》能降伏任何邪見、惡見。

然而，那爛陀寺又收到戒日王的來信，信中說道，烏茶國的僧人表示需要時間準備論辯，要求延後辯賽。就這樣，事情又耽擱了下來，等待後續通知。

尼乾子占卜

在準備論戰的期間，一位裸行外道（耆那教徒，又稱尼乾子）某日來到玄奘法師的僧房前。玄奘法師素來聽聞尼乾子善於占卜，便請他前來占卜歸國事宜以及壽命長短。

尼乾子拿出占卜用的白石在地上進行占卜，回覆道：「大師能留在印度是最好的，印度各地僧俗二界都對您無比敬仰；歸國的話也很好，一樣會受到很崇高的禮敬，只是不如在印度就是了。大師您的壽命還有十年；若是因積了更多福報而轉變，這就是我無法占測的了。」

玄奘法師又問：「要攜帶的經書和佛像非常多，不知道是否能順利回到中國呢？」

尼乾子又回答：「這個您不用擔心，戒日王和拘摩羅王會護送您的，一定可以安全抵達。」

玄奘法師奇道：「這兩位國王我素昧平生，他們怎麼會替我護送呢？」

尼乾子微笑回答道：「過兩天拘摩羅王的使者就會到啦，既然見到拘摩羅王也就會見到戒日王的。」說罷這玄妙之語，就離開了。

玄奘法師得到了這樣的占卜結果，便開始打包收拾準備要帶回國的經書和佛像。僧眾們聽聞此事，紛紛跑來挽留玄奘法師，希望法師能繼續留在印度。眾僧對法師說：「印度是佛陀降生之處，雖然世尊已然涅槃，但是留下來的遺跡都還在，可以巡禮參拜；大師既然已經來到這裡，為什麼還要離開呢？」

玄奘法師回答道：「佛陀傳法於世間，就是希望佛法廣為流布，豈能自己得利而遺棄那些尚未有機會聞法的眾生呢（法王立教義尚流通，豈有自得霑心而遺未悟）？」

眾僧又說道：「佛陀降生在印度，就是因為這塊土地因緣具足；沒去中國，是因為那邊福德因緣不夠，是惡地、邊地，因此才勸大師不要回去。」

玄奘法師從容地回答道：「維摩詰大師曾經問道：『太陽為何要運行於南瞻部洲？』底下的人回答：『因為要去除冥闇。』我今天想要歸國也是同樣的意思。（無垢稱言：「夫日何故行贍部洲？」答曰：「為之除冥。」今所思歸意遵此耳。）」從這樣的對話，足見玄奘法師的胸襟氣度都非常人所及，也真正合乎了佛法的精神，如富樓那尊者（註一）。

眾僧人見無法說服玄奘法師，便向戒賢法師報告此事，大概是希望戒賢法師出面挽留。戒賢法師聽完眾人的陳述後，問玄奘法師的意願如何。玄奘法師懇切地說道：「這是佛陀降生之處，我並非不愛樂此地；然而，玄奘此行前來是為了求法以利益廣大眾生。從我抵達以來，承蒙恩師教導《瑜伽師地論》，解開了我心中的諸多疑問，並有機會巡禮世尊的遺跡，還聽聞了許多深刻的法義，使我深深慶幸感到不虛此行。所以，希望能將所聽聞的法帶回大唐翻譯，讓有緣之人亦能聽聞同沐此法以報佛恩。因此之故，不打算繼續停留。」

戒賢法師聽完玄奘法師的這番話，讚許道：「這正是菩薩的心意啊！我與你亦有相同的心意。你可以隨意地準備回國，不會有人再強留為難你了。」

兩日後，玄奘法師正在收拾行囊之際，東印度拘摩羅王（Kumāra／鳩摩羅）派遣的使者真的如尼乾子所說出現在那爛陀寺。原來，拘摩羅王聽聞玄奘法師的事蹟，非常仰慕，於是派遣使者前來，意欲邀請玄奘法師到迦摩縷波國講經說法。

拘摩羅王與戒日王之供養

那爛陀寺接到東印度迦摩縷波國拘摩羅王的信件，內容說道：「弟子非常希望能夠見到中國來的玄奘法師，希望您務必讓他到迦摩縷波國來講經說法，讓弟子有機會親近供養。」戒賢法師收到此信，頗感為難躊躇；因為，寺方已經答應戒日王要去辯法論戰，如果讓玄奘法師去迦摩縷波國講經說法，萬一戒日王又來信要人可怎麼辦？於是他便婉拒了拘摩羅王的邀約，回覆道：「國王陛下，由於這位僧人準備要返回大唐，因此不便再前去貴國。」

使者回報國王之後，國王回覆道：「即使要回國，前來幾天說法也不會有所妨礙吧？請垂憐弟子，來弟子這裡接受供養吧！」然而，戒賢法師還是再三回絕了國王。

這下子把拘摩羅王惹怒了，來信道：「弟子久在世間沾染塵樂，浮載於生死，好不容易聽聞玄奘法師的大名，感覺善根就要萌發，戒賢法師你竟然不許玄奘法師來向我傳法，分明是要讓我繼續在生死苦海中往復，這哪裡是一位高僧大德應該做的事！我如此地殷切渴仰，來回幾次邀請，大師若不讓玄奘法師前來，那麼弟子我本來就是罪業深重的惡人，做出惡事也是理所應然。不久前的設賞迦王能做到毀壞佛法與菩提樹，大師以為我做不到嗎？我必定會集合大象軍隊前往那爛陀寺，將之踏碎如虀粉。此語如太陽般言出必行，大師你好自為之。」

戒賢法師看出拘摩羅王的瞋心熾盛，或許也是個度化因緣，便對玄奘法師說道：「拘摩羅王素來善心薄弱，國境內佛法也不甚流行，聽聞你的法名卻似乎有一些感應，或許你們是宿世的善知識，便隨順因緣去度化他吧！出家人本來就以度化眾生為業，現在你此去，正好方便截斷他的煩惱根。如果國王能發心學習佛法，底下的百姓一定也會跟著學習，這不啻是一個大利益的因緣。倘若不隨順因緣，恐怕會引發魔事障礙，請你不要覺得麻煩而推辭。」

玄奘法師素來不怕這種麻煩，甚至樂於講經說法、度化有緣眾生，因此便隨著使者一起來到迦摩縷波國。拘摩羅王見到玄奘法師自是喜不自勝，日日延請玄奘法師到宮中供養、禮拜，聽聞法師講經開示，就這樣過了一個多月。

當戒日王討伐恭御陀國返回時，聽聞玄奘法師居然在迦摩縷波國，驚訝地說道：「我先前三請四請請不來，怎麼現在會在拘摩羅王那邊呢？」連忙去信給拘摩羅王，要他速速把玄奘法師送到自己這邊。

拘摩羅王經過這月餘的近侍，對玄奘法師的敬慕有增無減，完全無法割捨，便回信給戒日王：「要我的頭，可以；要玄奘法師，恕難從命！」戒日王收到回信之後，怒不可遏，心想：拘摩羅王竟敢如此輕慢我！便遣使者傳話：「好啊！既然你這麼說，那就快快把頭拿來吧！」

拘摩羅王看到回信，才驚覺自己失言，恐怕性命將不保。趕忙派遣兩萬象兵、三萬軍艦，準備與法師一起渡河前往拜會戒日王；到達恆河畔時，先在河畔扎營安頓法師。戒日王聽到玄奘法師到來非常高興，甚至等不到隔天，連夜便打著燈籠渡河去拜見玄奘法師，以最高的禮節——每走一步便擊一聲金鼓——來禮敬玄奘法師。戒日王知道，拘摩羅王其實也是因為愛敬法師才會說這種話，高興之下也就不再追究。

次日，應戒日王的要求，玄奘法師將所製作的《制惡見論》呈上給戒日王觀看；戒日王看了之後十分高興，深深認同玄奘法師的論見，遂向玄奘法師說道：「法師講說的深刻法義，弟子以及這裡的眾論師都佩服，但其他國家還有許多信奉小乘與外道等固陋的信仰。因此，弟子希望能邀請大師在曲女城舉辦一場大型辯論法會，我將昭告全印度的沙門、婆羅門與外道修行者前來論會，以此來降伏大家傲慢的心，終止大家再誹謗大乘佛法。」

我們無法推測，戒日王的心思究竟是想要獨尊大乘還是止息眾人謗法的惡業；但總歸來說，如果能以方便善巧的方式讓大家不再造作謗法這種極重的惡業，的確是大大的功德。因為，無論是否為適合自己的法門，這些法門的建立都有凡人無法測度的巧妙智慧（可參看《大寶積經・大乘方便會》）；若因為自身的限制乃至煩惱無明而去謗法，甚至影響他人而斷人慧命，實在是相當不智的。（註二）

事情便這樣定下，戒日王廣發詔令，邀請全印度各國國王、修道者、論師前來曲女城會一會玄奘法師；此會便成為玄奘法師歸國前最顛峰的大會。

曲女城大會

印度自古以來的傳統就是重視精神層次而輕物質享樂，各種修行方式、各種門派在印度百花齊放、蓬勃發展，只要能說出一套道理來，便能吸引到信徒。由於宗派林立且重視精神發展，彼此間的互相論辯也就成為了風氣；直到今日，印度社會仍然帶著這種重視真理與論辯的精神。西元一九九八年獲得諾貝爾經濟學獎的印度學者阿馬蒂亞．森（Amartya Sen）有一本名為《慣於爭鳴的印度人》（*The Argumentative Indian*）的著作，便充分表露了這樣的傳統文化氛圍。

而在古印度，由於對精神修煉的重視，修行者對於自身的立論極為看重，自身的立論等同自己的性命，甚至比自己的性命還重要；因為，那是生生世世的靈魂、生命準備要行走的道路，豈能不慎？也因此，論辯不僅僅是論辯而已，在古印度，論辯是非常激烈而鄭重的，就如同武者決戰一樣，準備押上自己的性命。論辯輸的一方，輕則需拜對方為師，從此改投到對方門下師事對方，或者成為對方的奴僕，任憑對方處置；中則割掉自己舌頭，從此消聲匿跡；更甚者，亦常有投河自盡或砍掉自己的頭，以示對自己的立論負責或對自己的錯誤謝罪。

在那爛陀寺的時候，就曾有順世外道的修行者到寺前挑戰，將他自己所主張的四十首偈頌懸在寺門前，豪稱道：「只要有人能辯贏我其中一條，我便斬首謝罪。」後來被玄奘法師折服而成為弟子。這樣的事情在當時並不罕見。另一方面，辯勝者將一戰成名，成為一代宗師，受到國王的供奉與萬民的敬仰皈依，權勢、名聲、財富都將滾滾而來，源源不絕。

在這種社會氛圍下，一場大型的辯論法會往往受到全印度矚目；能夠進到這樣的法會中當眾辯論法義的人，更加是難以想像的勇猛無畏。我們都知道，在巨大的壓力下，情緒的緊張往往會讓腦袋打結，無論有多豐富淵博的學識，在情緒的影響下也有可能變成一片空白，什麼都表達不出來。由此可知，能夠參加這樣的辯論法會，靠的不僅僅是淵博的學識、伶俐的口才，更有賴心性調伏的深厚修為。

曲女城（Kānyakubja）是戒日王朝的首都，位於現在的印度北方邦卡瑙季縣恆河西岸。相傳在梵授王時代，國王有一百位女兒，有一位大樹仙人居住在恆河邊。某日，國王的女兒們來河邊遊玩，大樹仙人因此起了貪染心，向國王討要一名女兒；然而，國王的女兒們都不願意嫁給這位瘦巴巴、髒兮兮的修行者。國王擔心，如果不滿足大樹仙人的要求，他將會對國家不利，就只能搪塞地送他最小的女兒。大樹仙人看到送來的小女生長得很不好看，便非常生氣地對其他九十九位王女下詛咒，讓她們都變成駝背。因此，這個城就被名為「曲女城」。

玄奘法師隨著戒日王在初冬的時候出發，逆溯恆河而上，到了臘月才抵達曲女城。抵達曲女城的時候，已經雲集了全印度十八位國王、熟悉大小乘教義的僧人三千多人、婆羅門以及外道修行者兩千多人，還有那爛陀寺的僧人一千多名。也就是說，修行者大約有五、六千人，都是博覽群經或者通曉佛經的修行者；為了來看一看玄奘法師的風采、聽一聽法師的開演，全都匯聚到這裡來準備共襄盛舉。

再加上諸位國王帶出的家眷、侍衛、奴僕，以及圍觀的群眾，人數加總起來應高達兩萬人。人群加上大象，擠得整個曲女城水泄不通，蔓延出去十餘里的範圍。

我們可以想見，這場面該有多麼盛大，而在會場眾目睽睽下面對挑戰，又該有如何沉重的壓力。如果還是出於對自我的維護、對我族、我宗、尊嚴的維護，那分壓力將如排山倒海；唯有就真理論真理的人，才能免於自我尊嚴煩惱之火焚身。

戒日王在城裡安排了非常多的草殿，用來安置佛像與來訪的眾人，戒日王的行宮則布置在離會場約五里處。戒日王把自己裝扮成帝釋天的樣子，手上拿著白色拂塵在右方侍立；拘摩羅王則把自己裝扮成梵天形象，拿著寶蓋在左邊侍立。中間則是佛像安置在大象身上，還用了兩頭大象裝滿寶石與名貴的花跟在後面作為供養。乘載佛像的大象走在最前面，後面則依序跟著二位國王、玄奘法師和幾位高僧。三百頭大象載著諸國國王大臣，則分別立在街道兩側，供養與讚頌佛像與玄奘法師等高僧。如此魚貫地走進會場，浩浩蕩蕩。

在一番的禮節與供養儀式之後，戒日王便請玄奘法師坐上會場主席臺上的寶床（唐朝的坐具亦稱「床」）當論主，闡明大乘佛法的義理，並令那爛陀寺的明賢法師向大眾宣讀玄奘法師的《制惡見論》，另外抄寫一本懸掛在會場門口，讓所有人都可以閱讀。接著，按照印度當時的論辯習慣，玄奘法師也不免俗地宣布：「如果有任何一個人能夠說出《制惡見論》中無理的地方，並能更動一字一句，我便砍下自己的頭來謝罪。」

然而，一直等到晚上，都沒有一人能夠出來挑戰。

第二天、第三天也都沒有人有本事挑戰，就這樣一連過了五天，戒日王非常高興。

後來，一位通曉解脱道修行的慧天論師站了出來，當著國王與所有人的面與玄奘法師進行了一場激烈的辯論，但被玄奘法師全部駁回。此後，慧天論師對玄奘法師心服口服，打從心底欽佩。（這一段在曲女城並無紀錄，但可見於玄奘法師回國後與慧天論師的書信往返內容。）

一些外道與小乘的修行者看玄奘法師這樣摧毀他們立論的根基，道理上又無法辯駁他，便悄悄集結，準備要謀害玄奘法師；而且，一不做、二不休，打算也把大力支持玄奘法師的戒日王殺掉。

某日，一座佛塔忽然失火，有人便趁亂持刀刺殺戒日王，所幸被旁邊的侍衛制服。其他國王都勸戒日王要處死刺客，唯獨戒日王並沒有露出絲毫慍色，只是問刺客自己是哪裡觸犯到他，為什麼意圖刺殺？刺客憤憤地道出，對於戒日王尊佛而貶抑他們宗教的憤怒。

戒日王了解情況之後，並沒有處死刺客，轉而昭告大會：「玄奘法師此番前來為宣揚正法，如果有人膽敢傷害他一髮一絲，我必將其斬首示眾；如果有人敢詆毀他，我則會割掉他的舌頭。如果是要替自己的宗派立論辯駁，請尋求光明正大的辯論途徑。」

戒日王的即時出手，讓那些心懷不軌的人因被識破計謀而不敢再輕舉妄動，阻止了一場衝突與悲劇的發生。

大會就這樣持續了一十八日，沒有一人能夠將玄奘法師的立論辯倒。於是，在大會將要落幕之際，玄奘法師再一次地闡揚大乘佛教的義理，讓眾人都能更清楚地理解，許多人得以從偏差的道路上走回正道。

法會結束的時候，戒日王以及諸國國王對於玄奘法師更加崇敬，供養法師極其豐厚的錢財珍寶。玄奘法師依舊很清楚地知道，如此的辯法並非為名、為利，而是為了在世間獅子吼，振聾發聵，讓未有機會聽聞正法的人得以聽聞；

所以，這些供養的錢財寶物，玄奘法師也依舊不收。

按照慣例，在法會上辯贏的人可以騎著大象、撐著華麗的傘蓋繞城一周，接受大家的禮敬讚揚。玄奘法師向來謙遜，並不想要這麼做，但戒日王堅持這是印度的傳統，不可取消。兩方妥協下，戒日王便把玄奘法師的袈裟捧出去繞城一周，替代玄奘法師接受眾人的供養與禮敬。

從這些細節，我們都更加了解玄奘法師的高度，以及智慧的深遠；因為他的視野並不局限於人世間，所以完全了解人世間一時的榮華實不足以追求與貪戀。因為這樣全然地了解，以及禪定輕安本身帶來的喜悅，自然不受物質名利所牽引。

辯論法會經過一十八日圓滿結束之後，玄奘法師正式向戒日王辭行，準備返國。

然而，戒日王大概是對玄奘法師依依不捨，於是又向法師邀約：「弟子繼承宗廟以來，已經做為天下的共主三十餘年。我經常思索著福德增長得不足夠，以及讓正法能夠廣傳的因緣無法相續；因此，經常性地積集財物珍寶放置在鉢羅耶伽國的兩河之間，然後每五年便會邀請全印度的婆羅門和孤苦無依貧窮的百姓前來參加為期七十五日的無遮大會。過去已經辦過五次了，今年剛好即將要辦第六場，玄奘法師是否能夠一起參加呢？」

法師回答道：「菩薩行是福慧雙修的，有智慧的人得到善果不會忘記源頭。大王能夠不吝惜您的財物珍寶，玄奘我又如何能夠推辭，不一起共襄盛舉呢？」因眾生是菩薩行的源頭（註三），法師的意思便是，大王布施眾生是不忘記源頭的表現。國王聽了法師的回答非常高興，於是與玄奘法師繼續一起前往無遮會場。

所謂的無遮大會，指的是無所遮止、無所妨礙，無論任何人都可以參加的公開法會，與會者都可以得到「財」與「法」兩種布施，其用意是為了廣結善緣。相傳是從阿育王時代開始這樣的風氣，後來也傳入中國，如梁武帝就經常舉辦無遮大會。

幾天後，無遮大會在恆河岸邊盛大舉行。恆河在北邊，閻牟那河在南邊，兩條河都是從西北流向東，剛好在鉢羅耶伽這個國家會合，無遮大會便在兩河交匯處的河岸舉行。過去的國王也都在這個地方舉行布施大典，所以這個地方又被稱為「施場」。許多來參加辯論法會的人也剛好可以一起過來參加，包括十八國的國王亦被邀請到無遮大會。

對印度來說，這一年可真是燦爛充實的一年；前有玄奘法師的辯法大會，後有盛大的無遮大會，財與法、福與慧二者具能滿載而歸。據記載，當時聚集前來無遮大會的人數高達五十多萬。

按照慣例，無遮大會先進行禮佛儀式、供養僧侶儀式，接著依次地布施來自全印度的鰥寡孤獨、老弱婦殘者，前前後後共七十五天，把五年間所累積的財寶盡數布施結緣一空；最後，甚至包括戒日王帶在身邊的私有財產、乃至衣服和身上所有的瓔珞也都布施出去，只剩下用來維持秩序的象馬兵器。這般願意捨棄所有與所愛的布施之心，對一位天下共主而言可謂難得。

最後，戒日王穿著向妹妹要來的粗布敝衣，誠心地向十方諸佛頂禮，內心感到無比踴躍歡喜，說道：「敝人以前積集財物寶貝，經常害怕無法放在足夠牢固的寶庫內；如今儲放在諸多福田之中，可謂真正地進入到最堅固的寶庫內。願敝人今生能常具足財物與正法以施予眾生，成就十種自在（註四）、滿足智慧與福德二種莊嚴（註五）。」在這樣的發願下，圓滿了這次的無遮大會。

戒日王的願望是令人動容的，廣大而開展，是現代講求自我主義的社會氛圍下較少能體驗到的。

玄奘法師依舊沒有忘記歸國大事，無遮會一結束，便又向戒日王辭行。但戒日王還是再度挽留道：「弟子正想跟法師您一起弘揚佛法，您為什麼急著走呢？」於是，玄奘法師又多停留了十來天，為眾國王與眾人宣說法要。拘摩羅王也是殷勤地挽留玄奘法師，向法師說道：「大師啊！您如果能來弟子這裡長住的話，我會幫您建造一百所寺院。」

玄奘法師看到諸國王似乎沒有很明白他的心意，於是誠懇委婉地說明自己的衷心：「中國離這裡非常遙遠，所以很晚才有機會聽聞到佛法；而且，雖然陸陸續續有不少法傳入，卻並不整全，我才會不辭千里來此取經。今天，心願終於實現，也是因為故土的諸多賢士們共同誠心渴思方能達致；這般殷殷盼望的心意，我時刻不敢忘記。經典曾說，遮止他人學習佛法會招致生生世世沒有眼睛的業報；如果強留我在此，便是讓大唐無數人民失去聽聞佛法的大利益，無眼之報難道不令人害怕嗎？」

拘摩羅王聽到這席話，趕忙回答：「玄奘大師，我們都是出於一片真心誠意的敬仰之心；但是，如果會牽涉到損害他人聞法的利益，我們是戒慎恐懼的，不敢再強留大師您了。大師！雖然不知道您來時走的是哪一條路，但如果回程可以走南海這條路的話，我可以派遣使者送您回去。」

玄奘法師因為還記得與高昌國王的約定，便婉拒了從南海走的路線，打算還是往北走陸路回去。

諸國王還想送玄奘法師路資，但玄奘法師也都一一婉拒，唯有收下一件鹿細毛所做的披肩，可以在路上充當防水的雨衣。國王們又幫法師準備了沿途通關的信件，以保玄奘法師可以順利通過諸國的國境。依依不捨迤離餞別了數十里，送到不能再送了，國王們才終於含淚地向玄奘法師告別。

大家心裡都明白，這一次告別，此生恐怕是再難相見了，心中的悲戚不捨是可以想見的；相信玄奘法師內心也一定五味雜陳，畢竟在印度也經歷了小半輩子，許多的師長同學情誼也很深。然而，人生的歷程何嘗不是這樣呢？無論多麼親愛珍重，或遲或早終須一別；如果不能學習超越憂悲惱苦的佛法，哪怕能留住世間短暫的恩愛，終究要面臨無盡的惱苦延續。玄奘法師必然深刻明白這番道理，所以無論多麼不捨，也需要回到大唐傳法，讓更多眾生聞法，從世間的憂悲惱苦中超脫。

如此，玄奘法師總算是踏上了回國之路。

啟程歸國

回國的路程前段，大致沿著來時的路程，一樣的艱辛風霜，心情卻大大不同。來時的不確定與忐忑難免加劇了路途的顛簸，而回程既是滿載而歸，又是孰門熟路，大有「千里江陵一日還，輕舟已過萬重山」的暢快心情。只是，攜帶著許多經卷與佛像，唯恐有所損害閃失，則是另一層任重道遠的壓力。

往西北走到毗羅那拏國的都城，玄奘法師遇到師子光和師子月兩位同學，便停在那邊講經說法了兩個月才繼續前進。再往西前進，到達北印度的僧訶補羅國時，那裡有一百多位僧侶皆是從中國來的。他們看到玄奘法師準備帶著這些經像回國，也欣喜地加入玄奘法師的隊伍，幫忙玄奘法師照看馱運經典和佛像，準備和法師一起回歸大唐。

那段路有很多盜賊；於是，隊伍行走時，會先派一位僧侶在前面開路。如果遇上盜匪，便告訴他們，這個隊伍是遠從中國大唐來求法的，馱運的都是舍利、經典和佛像等法器，願他們一起護持，成為護法以累積功德，而不要為了眼前的小利傷害長遠的利益。一路上，遇到的盜匪的確不少；但經過這樣的開導，竟然便沒有盜匪掠奪傷害。

一路還算順遂，走到印度的西北邊境，準備進到中亞地區，此處需要跨過印度河（古名信度河）。這麼多的東西要渡河，著實不易。玄奘法師騎在象背上渡河，經典、舍利、佛像還有印度特殊的花果種子等物品，則是用船隻運到對岸。

就在一切看似順風順水時，船走到河心，突然不知從何處刮起一陣怪風掀起了風浪，其中一隻船隻禁不起搖晃便翻覆了。說也奇怪，這麼多船，偏偏只翻覆了這艘，其餘的船都完好無損。這隻船的翻覆，導致損失了五十卷經典和全部的印度花果種子。

迦畢試國王先前在烏鐸迦漢茶城的時候，便聽聞玄奘法師即將返程到來，早就趕到印度河岸邊準備迎接玄奘法師。國王聽聞有艘船翻覆，便問：「船上運載著什麼東西？是不是載著花果的種子？」玄奘法師據實回答，國王便釋然地說：「這便是問題所在。自古以來，只要是想把印度的花果種子引渡出去的船，總是會遭遇這樣的事。」

看來，花果種子是無法帶回的，但丟失的經典還有補救的機會。國王先將玄奘法師迎入都城中的寺院，至於沉入河中的經典，便派人前往烏長那國抄寫，並一路護送玄奘法師。

玄奘法師返程的路線在中亞南方與去程時略同，應是走到中途時，聽聞高昌國已經覆滅而高昌王已去世，無法再履行先前的約定。於是，玄奘法師走到活國（今阿富汗昆都士〔Kunduz〕一帶）的時候便沒有再往北，而是直接向東，越過現在崑崙山脈的北端山谷，也就是知名的帕米爾高原，前往位於現在新疆與塔吉克交接處的呬摩怛羅國，此段屬於絲路的中道路線。

帕米爾高原被譽為「世界屋脊」，平均海拔在四千至七千七百公尺之間，是五大山脈的匯集處。寒原荒漠，人蹤絕跡，層峰疊嶂，冰雪難行，寒風如削，刺骨椎心。所幸，玄奘法師這次不是獨自一人；不過，帶著大批的法寶文物，要跨越這樣的冰封高原，也著實是巨大挑戰。

依玄奘法師記錄，在經過帕米爾高原上的朅盤陀國（今新疆塔什庫爾干塔吉克自治縣）時，看見過那裡的大岩壁上有兩個石室，石室裡都各有一尊阿羅漢在滅盡定中，端坐著看起來像非常瘦弱的人；然而，聽當地人說，阿羅漢已經坐在那裡七百多年了，卻絲毫沒有腐爛或者傾倒。

在這一帶又遇見盜匪，一起行走的商人驚慌地在雪山中逃竄，本來要從印度帶回大唐的大象不幸在過程中被溺死。在冰天雪地又崎嶇難行的雪山中，繼續走了八百多里才終於走出雪山，來到烏鎩國（今新疆維吾爾自治區喀什地區英吉沙縣）。

根據法師的記錄，烏鎩國的城西有一座大山，山形非常地高拔險峻，上面有一座佛塔。據說，大山在數百年前因為雷震而導致山崩，崩塌的山體裡竟然有一位比丘閉眼端坐，身形雄偉但枯瘦，鬢髮長得覆蓋了臉和肩膀。某日，一位樵夫經過看見了，便向國王稟報此事，國王趕忙親身前往觀看禮拜；消息傳出去之後，也越來越多人來聚集禮拜。國王問道：「這是何人？」旁邊有比丘回答道：「這是阿羅漢入滅盡定；因為時間已經很久，頭髮鬢毛才會這麼長。」

國王又問道：「要如何才能讓他甦醒呢？」比丘回答：「經過這麼長的時間，如果貿然出定，肉體一定會毀壞。可以先用酥油、牛奶灑在他身上，使他的皮膚肌肉浸潤，再輕輕用木槌在耳邊敲擊，或許能喚醒他。」

國王於是命人照做，那位長髮羅漢的眼睛果真張了開來，問道：「我的師父是迦葉波如來（Kāśyapa／迦葉佛，「過去七佛」的第六位，釋迦牟尼為第七位），他現在在何處呢？」比丘回答道：「迦葉波如來早已涅槃。」羅漢又問道：「那麼，釋迦牟尼佛成道了嗎？」比丘回答道：「是的，世尊成就利益眾生的大事業，也已經涅槃。」

羅漢低頭沉默良久，大概是沒想到自己等了這麼久居然還是錯過了，與許是佛緣真的不具足。隨後升至高空顯現大神變，以三昧真火將自身燒掉了，剩骨骸掉落在地。

國王與大眾收拾骨骸，建成了玄奘法師所見的這座佛塔來供養。

玄奘法師從中亞自崑崙山脈的北緣山谷翻過後，便進入到現今的南疆。一路沿著南疆塔里木盆地的南緣，崑崙山脈的北緣、阿爾金山脈的北緣走，經過于闐王國。由於之前丟失的一部分經文還需要到屈支國（即龜茲／庫車）和疏勒國（塔里木盆地沙漠西緣）找尋可以抄寫的經本，再加上于闐國王的熱情挽留，玄奘法師便暫停在于闐國。

更加關鍵的是，由於當年玄奘法師未經許可偷渡闖出國門，真要追究起來，也是大罪一樁。如今歸國，勢必要取得皇上的允許與諒解，便先寫了一封奏表，請要到長安的商旅帶回去呈給皇上，說明自己取經前後的緣由經過，不免俗地向皇上謝罪。

長達十七年的取經之路，如今，又回到當初那個千驚萬險的大流沙和玉門關前了（于闐距玉門關還有一千多公里，但對行經好幾萬里路的玄奘法師而言，應該可謂就在眼前）。不知道玄奘法師是否會有那麼一點近鄉情怯？又或者，是否思念可算是半個故鄉的印度與那裡的師友？回憶當初的點點滴滴，以及一路走來的風風雨雨和善知善緣，現今終於如願取經歸來，該是什麼樣的心情呢？

不知道，玄奘法師可曾凝望著這片曾經讓自己九死一生、熟悉又陌生的沙漠，在清朗的點點星空下、乾燥又冷冽的空氣裡，讓往事一幕幕浮現、流淌而昇華，告慰十七年前奮力掙扎、面對未來諸多不確定的自己：是的，你真的做到了！是否嘴角有著一絲平靜泰然的淡淡微笑呢？

【註釋】

註一：《雜阿含經．三一一經》記載：佛告富樓那：「我已略說法教，汝欲何所住？」富樓那白佛言：「世尊！我已蒙世尊略說教誡，我欲於西方輸盧那人間遊行。」佛告富樓那：「西方輸盧那人凶惡、輕躁、弊暴、好罵。富樓那！汝若聞彼凶惡、輕躁、弊暴、好罵、毀辱者，當如之何？」富樓那白佛言：「世尊！若彼西方輸盧那國人，面前凶惡、訶罵、毀辱者，我作是念：『彼西方輸盧那人賢善智慧，雖於我前凶惡、弊暴、罵、毀辱我，猶尚不以手、石而見打擲。』」

佛告富樓那：「彼西方輸盧那人但凶惡、輕躁、弊暴、罵辱，於汝則可脫，復當以手、石打擲者，當如之何？」富樓那白佛言：「世尊！西方輸盧那人脫以手、石加於我者，我當念言：『輸盧那人賢善智慧，雖以手、石加我，而不用刀杖。』」

佛告富樓那：「若當彼人脫以刀杖而加汝者，復當云何？」富樓那白佛言：「世尊！若當彼人脫以刀杖，而加我者，當作是念：『彼輸盧那人賢善智慧，雖以刀杖而加於我，而不見殺。』」

佛告富樓那：「假使彼人脫殺汝者，當如之何？」富樓那白佛言：「世尊！若西方輸盧那人脫殺我者，當作是念：『有諸世尊弟子，當厭患身，或以刀自殺，或服毒藥，或以繩自繫，或投深坑；彼西方輸盧那人賢善智慧，於我朽敗之身，以少作方便，便得解脫。』」

佛言：「善哉！富樓那！汝善學忍辱，汝今堪能於輸盧那人間住止，汝今宜去度於未度，安於未安，未涅槃者令得涅槃。」

註二：可參見《賢愚經．須達起精舍品》：時舍利弗慘然憂色。即問尊者：「何故憂色？」答言：「汝今見此地中蟻子不耶？」對曰：「已見。」時舍利弗語須達言：「汝於過去毘婆尸佛，亦於此地為彼世尊起立精舍，而此蟻子在此中生；尸棄佛時，汝為彼佛亦於是中造立精舍，而此蟻子亦在中生；毘舍浮佛時，汝為世尊於此地中起立精舍，而此蟻子亦在中生；拘留秦佛時，亦為世尊在此地中起立精舍，而是蟻子亦於此中生；拘那含牟尼佛時，汝為世尊於此地中起立精舍，而此蟻子亦在中生；迦葉佛時，汝亦為佛於此地中起立精舍，而此蟻子亦在中生。乃至今日，九十一劫受一種身，不得解脫。生死長遠，唯福為要，不可不種。」是時須達悲怜愍傷。

註三：《大方廣佛華嚴經．入不思議解脫境界普賢行願品》：「復次，善男子！言恆順眾生者，謂盡法界、虛空界十方剎海，所有眾生種種差別，所謂：卵生、胎生、濕生、化生，或有依於地、水、火、風而生住者，或有依空及諸卉木而生住者，種種生類、種種色身、種種形狀、種種相貌、種種壽量、種種族類、種種名號、種種心性、種種知見、種種欲樂、種種意行、種種威儀、種種衣服、種種飲食，處於種種村營、聚落、城邑、宮殿，乃至一切天龍八部、人、非人等，無足、二足、四足、多足，有色、無色，有想、無想、非有想、非無想，如是等類，我皆於彼隨順而轉，種種承事，種種供養，如敬父母，如奉師長，及阿羅漢乃至如來，等無有異。於諸病苦為作良醫，於失道者示其正路，於闇夜中為作光明，於貧窮者令得伏藏，菩薩如是平等饒益一切眾生。

「何以故？菩薩若能隨順眾生，則為隨順供養諸佛；若於眾生尊重承事，則為尊重承事如來；若令眾生生歡喜者，則令一切如來歡喜。何以故？諸佛如來以大悲心而為體故。因於眾生而起大悲，因於大悲生菩提心，因菩提心成等正覺。譬如曠野沙磧之中有大樹王，若根得水，枝葉、華果悉皆繁茂。生死曠野菩提樹王，亦復如是，一切眾生而為樹根，諸佛菩薩而為華果，以大悲水饒益眾生，則能成就諸佛菩薩智慧華果。何以故？若諸菩薩以大悲水饒益眾生，則能成就阿耨多羅三藐三菩提故，是故菩提屬於眾生；若無眾生，一切菩薩終不能成無上正覺。

「善男子！汝於此義應如是解。以於眾生心平等故，則能成就圓滿大悲；以大悲心隨眾生故，則能成就供養如來。菩薩如是隨順眾生，虛空界盡、眾生界盡、眾生業盡、眾生煩惱盡，我此隨順無有窮盡，念念相續，無有間斷，身、語、意業無有疲厭。」

註四：十種自在為：命自在、心自在、財自在、業自在、生自在、勝解自在、願自在、神通自在、法自在和智自在。見《佛說寶雨經》：

云何菩薩十種自在？一、「命自在」，由此壽命經於無量阿僧企耶能持令住；二、「心自在」，由心自在調伏方便，入不可說諸三摩地，能得自在；三、「財自在」，由此示現一切世間莊嚴妙飾；四、「業自在」，能隨諸業及於異熟而示現之；五、「生自在」，能於一切世界示現受生；

六、「勝解自在」，謂能示現諸佛身相，於諸世界充滿令見；七、「願自在」，謂隨於彼非時、非剎能現等覺；八、「神通自在」，於一切世界示現無邊種種神變；九、「法自在」，謂能於彼離中、邊法門明了顯現；十、「智自在」，謂於一剎那中遍能了知三世如來十力、無畏、無礙解脫、佛不共法、諸相隨好；復能示現無上等覺；又於一剎那中能遍了知三世諸佛一切剎土極微塵數；又能示現起一切智現正等覺，成就種種，具足最勝。此是菩薩十種自在。

註五：《大般涅槃經．師子吼菩薩品》：佛言：「善男子！善哉，善哉！若有人能為法諮啟，則為具足二種莊嚴：一者智慧，二者福德。……」師子吼菩薩言：「世尊！云何名為智慧莊嚴？云何名為福德莊嚴？」「善男子！慧莊嚴者，謂從一地乃至十地，是名慧莊嚴。福德莊嚴者，謂檀波羅蜜乃至般若非般若波羅蜜。」

第七章　千年暗室一燈明——譯經

有玄奘法師者，法門之領袖也。幼懷貞敏，早悟三空之心；長契神情，先包四忍之行。松風水月未足比其清華，仙露明珠詎能方其朗潤。故以智通無累，神測未形，超六塵而迥出，隻千古而無對。

在于闐國一邊等待皇命、一邊抄錄失落經文的同時，玄奘法師也沒有中斷講經說法的志業，每日都在于闐國為眾僧講授《瑜伽師地論》、《對法俱舍》（即《阿毗達磨俱舍論》）和《攝大乘論》。後來，國王也隨著皈依佛法，每天前來聽講的都有數千人。

抵達國門

經過約莫七、八個月之後，送信的使者終於帶回來了聖上的旨意。皇上表示，聽到玄奘法師從西域歸來非常歡喜，並要玄奘法師急速回國面見皇帝；同時也交代，凡是通曉梵文以及經義的人，也都一併聽許他們來朝。皇上已經下令，歸途中會經過的國家派出使者護送法師，所以交通用的馬匹和人力不會匱乏，也命令鄯善國王到沮沫迎接玄奘法師。

玄奘法師收到聖命後，立刻繼續歸國最後的路程。離開于闐國往東三百里，到達媲摩城（Bhīmā，今新疆維吾爾自治區塔克拉瑪干沙漠東南邊緣）。媲摩城有一座大佛像，高兩丈（六至七公尺）多，形象莊嚴而頗具靈驗；據說，人們身上哪裡不舒服，只要在佛像的對應處貼上金箔，身上的病痛就會治癒。相傳這個佛像是佛陀在世時憍賞彌國的鄔陀衍那王所造；佛陀滅度後，佛像自已飛到這裡北邊的曷勞落迦城，然後又自己移動到這裡來。還有傳說，當正法滅沒的時候，這個佛像就會移動到龍宮去。

從媲摩城往東便是進入沙漠，過兩百里到泥壤城，再往東就到了大流沙（今塔克拉瑪干沙漠南端），一樣為完是沙粒、沒有任何水草的絕地，路跡難辨，僅能靠路上的骨骸當成標的物。玄奘法師自然對這樣的絕地不陌生，當初他一個人便勇敢地走過莫賀延磧；如今，他多了很多護送的團隊，也成功帶回西天的佛經，真是今非昔比。

在大流沙艱難地行走一千多里的路，終於來到沮沫（今新疆維吾爾自治區巴音郭楞蒙古自治州且末縣），繼續往東經過樓蘭。那時，樓蘭古國早已因為在東晉時期塔里木河改道的關係，導致水資源匱乏（約西元三三〇年），荒蕪成為廢墟。玄奘法師路過的時候，看到的只是一些斷垣殘壁，如同在西域中亞一帶的許多小國一樣。還要等到一千多年後的西元一九〇〇年，才因為瑞典考古隊的發掘，喚醒沉睡中的樓蘭，使其重新回到人們的視野中。

從樓蘭再往東走，終於到達唐朝的邊疆。

于闐國、鄯善國等西域諸國的護送官員一路送玄奘法師到這裡，任務已畢，準備歸國。按照唐太宗的詔令，應該是要給他們一筆酬勞，但他們都不肯接受；與許是伴隨玄奘法師這一路的聽聞佛法，精神上的滿足與豐厚，錢財之報酬實難比之一二。

玄奘法師終於踏入國境，平安地回到故國，完成了這趟不可思議的西行之旅。面對久違的故國，聽著親切的母語，看著熙來攘往的同胞，真不知道法師當時是什麼樣的心情與感受。

不過，也許，在玄奘法師心裡，走了這麼遠的路，經過了這麼多的國家，看過這麼多的人，並不需要分哪國人、也不分是什麼型態的生命，只要是在輪迴中受苦的眾生，都在玄奘法師的心裡惦記著。

回到長安

唐太宗貞觀十九年（西元六四五年）正月初春，歷經一十七年的西行之旅，玄奘法師終於再次回到長安。這年，玄奘法師已經四十四歲了。

京城留守（官職，君主外出時負責駐守京城）房玄齡奉命在長安高規格迎接玄奘法師歸來。而玄奘法師從邊境的沙洲走到長安的路程，身後早已跟滿了一長隊聞風而來的善男信女，長安城裡更是擠滿了人山人海。

隨著迎接的彩幡鮮花隊伍，玄奘法師一行人來到弘福寺（今陝西省西安市弘福寺），卸下從印度帶回來的經書與佛像。

以下是玄奘法師帶回的物品：

釋迦牟尼佛的肉舍利（血肉火化後凝聚而成的）一百五十粒。

摩揭陀國前正覺山龍窟留影金佛像一尊，連同光焰與座臺高三尺三寸（約一百至一百二十公分）。

仿製婆羅痆斯國鹿野苑初轉法輪像之刻檀佛像一尊，連同光焰與座臺高三尺五寸（約一〇五至一二六公分）。

仿製憍賞彌國出愛王思慕如來刻檀寫真佛像一尊，連同光焰與座臺高二尺九寸（約八十七至一〇四公分）。

仿製摩揭陀國鷲峯山說法花等經像金佛像一尊，連同光焰與座臺高三尺五寸。

仿製那揭羅曷國伏毒龍所留影像刻檀佛像一尊，連同光焰與座臺高尺有五寸（約四十五至五十四公分）。

仿製吠舍釐國巡城行化刻檀像

大乘經二百二十四部

大乘論一百九十二部
上座部經律論一十五部
大眾部經律論一十五部
三彌底部經律論一十五部
彌沙塞部經律論二十二部
迦葉臂耶部經律論一十七部
法密部經律論四十二部
說一切有部經律論六十七部
因論三十六部
聲論一十三部
以上經論總共五百二十夾、六百五十七部；所有物品與經書共用了二十匹馬背負。

次日，弘福寺內外灑掃淨庭，四處以香花、寶蓋、幢幡嚴飾，以極為隆重的典禮，將這些經像迎入寺中安置供養。僧侶、官員、信眾與一般看熱鬧的百姓將道路擠得水洩不通，誰都不想在這空前絕後、絕無僅有的盛事中缺席。

那一天，幾乎所有人都看見天空出現五色雲彩在太陽的北邊，慢慢地來到經像上方，鬱鬱紛紛地圍繞周匝數里，彷佛也跟著眾人一同將經像迎入寺中，整個長安城充滿了祥瑞之氣。

唐太宗洛陽召見

由於當時唐太宗正在籌備遠征遼東的軍事，不在長安而在洛陽城。於是，玄奘法師在安頓好帶回之經像後，又馬不停蹄地趕到洛陽拜謁太宗。

二月初一，唐太宗在洛陽紫微城西北角的儀鸞殿召見玄奘法師。唐太宗在稱歎與慰問完玄奘法師後，便問法師：「法師呀！你出國以後，為什麼沒有持續回報朝廷呢？」

唐太宗之所以會這樣問，應該是因為，大唐當時的勢力範圍已經遍及西域、中亞，甚至印度。唐初最大的邊患為東突厥，其曾經在西元六二六年唐初百廢待舉之際，突襲長安；當時，太宗不得已而與之訂下渭水之盟。待氣力稍微恢復，唐太宗便積極地安定四方。

太宗於西元六二九年滅東突厥；不久後，西突厥也崩解，北方各部族尊唐太宗為「天可汗」。西元六三五年，攻下西域的吐谷渾（在今青海一帶，為鮮卑族慕容氏的國家），在絲路一帶綠洲重建勢力。六四一年，派文成公主到吐蕃（西藏）和親。在玄奘法師回國不久前的六四三年，還曾派兩名特使前往印度見戒日王。

既然唐朝的勢力已經遍及西域中亞，甚至延伸至印度，太宗自然會覺得奇怪，為什麼玄奘法師不曾與唐使接觸？頗有一點在自己眼皮底下閃躲的感覺。

聽到太宗的問話，法師恭謹地回道：「啟稟陛下，玄奘當時要出國前，曾經三次向聖上祈請應允，可能是因為誠意與願望過於淺薄而沒有得到允許；然而，慕道心切，只好偷偷闖關西行。玄奘自知這樣的行為實屬重罪，深感慚愧恐懼。」

太宗了然地點點頭，很睿智圓融地給了彼此臺階，說道：「法師出家的身分與一般人的情況自然不同，無法同樣地以偷渡來定義。法師能不顧生命危險到西天求法、惠利眾生，朕甚是感佩，你也就不需要再覺得自身罪重與慚愧了。只是，聽說這一路路途極為遙遠艱險，各地民俗風情也不同；您能完成這樣的旅程，著實讓人驚歎。」

法師合十回道：「這是陛下之威德庇祐，才使玄奘能一路平安。」

聽到這樣的「奉承」，太宗自是欣然，但也客氣地回應道：「法師客氣了，是您的美言，朕不敢當。」

於是，太宗又向法師詢問了西域以及印度諸國的地理、人文、風俗、產物等；這些都是玄奘法師親身的遊歷，自然是對答如流，滿足了太宗所想知道的事物，讓太宗非常高興。畢竟，在那個沒有網路、資訊不通暢的時代，異地他國的資訊是非常珍貴的；特別是對一個國家的君王而言，更是異常寶貴，所謂知己知彼、百戰不殆。

太宗非常高興地對旁邊的侍臣說道：「過去秦王苻堅（十六國之一的前秦）把釋道安譽為『神器』，並讓舉國上下都尊敬他；我看，玄奘法師言詞談吐不俗、志向貞節，不僅有古人之風韻，甚至比古人旅行得更遠。」

言下之意，他覺得自己得到了一個比道安更加了不起的神器；對一個君王來說，這種頗有被上天眷顧、不可一世的感覺，是很讓人得意的。一旁的侍臣自然也附和不已，稱歎玄奘法師能到西天取經歸來實在是難以想像的創舉。

太宗回過頭來繼續向玄奘法師說道：「西天佛國遙遠，以前的史書從來沒有記載過相關的事蹟；法師您既然親身遊歷了一趟，應該修撰一本書記錄所見所聞，好讓其他人也能知道西方諸國的情況。」這就是後來玄奘法師撰著《大唐西域記》的緣由。

接著，太宗又若有所思地看了看玄奘法師，覺得玄奘法師頗適合在左右輔佐自己，便勸法師還俗，一同參與朝政國事。

在大殿上的天子遞出這樣的橄欖枝，說得好聽是天大的榮寵；說得不好聽，敢說個「不」字，恐怕龍顏一個不悅，不知道會生出什麼事端。既不想說好，也不能說不好，實在是非常為難的局面。

然而，玄奘法師畢竟還是經過千錘百鍊的；面對這樣的難題，依舊毫無難色，不卑不亢地合十答道：「承蒙陛下垂愛。玄奘自幼出家，一門深入學習佛法，潛心在佛學當中，不曾學習過孔孟輔佐治理天下的學問。如果還俗，無異於把在河流中順暢漂流的船舟搬到陸地上，不僅無法貢獻功能，還白白讓它朽壞。玄奘祈願自己畢生能以行道的方式報答國恩，這便是貧僧最大的榮幸。」如此再三懇切地婉拒，太宗才暫時放棄了這個念頭。

這段期間，正是太宗如火如荼地準備攻打遼東的時節，天下的兵力都集結在洛陽，軍事其實非常繁忙。因為玄奘法師的到來，太宗在百忙中召見他，兩人相談甚歡，以至於不知不覺間天都已經快黑了，兩人卻沒有發現。

這時，趙國公長孫無忌向太宗奏報：「啟奏陛下，法師今晚住在鴻臚寺，如若時間太晚恐怕會來不及回去。」以此來提醒太宗時間。

太宗感到聊得還不夠過癮，便又再試探問道：「法師，我們今日談論的時間實在太短了，意猶未盡。朕希望能跟法師您一起東行，既可以一同遊歷這一路的風俗民情，朕也可以一邊指揮大軍、一邊與您繼續談敘。不知道法師您意下如何？」

玄奘法師不動聲色地合十回道：「啟稟陛下，貧僧長途跋涉、剛剛歸國，身體有些不適，恐怕不能陪駕東征。」

太宗當然知道玄奘法師的意思，但仍然不放棄地說道：「法師您一個人便能走闖絕域十多年，相比之下，這趟東行對您來說應該像是散步一樣輕鬆，為何要拒絕朕呢？」

玄奘法師正色道：「啟稟陛下，陛下此次東征，統帥六軍，懲戒叛亂的國家，誅滅亂臣賊子，必能匡正天下平定叛亂。玄奘慚愧地認為，自己實在對行軍布陣沒有任何幫助，只是徒增路途上的支出損耗而已。而且，佛教戒律規範出家人不能觀看兵戎戰鬥打殺；既然佛陀有這樣的教誨，貧僧身為出家人也不敢不奉行。祈請陛下天慈體察諒解，便是玄奘的大幸。」說畢，誠懇地深揖。

聽到玄奘法師這麼說，太宗也就不再為難。

玄奘法師見太宗並非一個不講情理的君王，即使被自己多次回絕，也未曾露出慍色，於是又奏道：「陛下，玄奘從西域帶回來的六百餘部梵文經書，至今尚未翻譯一字。聽聞嵩嶽之南的少室山北邊有一座少林寺，遠離塵囂、十分僻靜，是後魏孝文皇帝所造，也是菩提留支法師翻譯經典之處；懇請陛下允許貧僧，為了貢獻大唐，到那裡翻譯經書。」

太宗說道：「不需要到那麼遠的山裡。法師西行之後，朕曾為穆太后在長安建造一座弘福寺；寺裡有禪院，甚是虛靜，法師可以在那裡翻譯即可。」

玄奘回覆道：「感恩聖眷隆厚。然而，自玄奘歸國以來，世人因為出於好奇與崇敬，經常爭相前來圍繞觀看，這樣的情形造成頗大的干擾，對法事也形成一定的妨礙。希望陛下能派人守衛禪院之門，以維護秩序、防止過失。」

太宗聽罷笑道：「這沒問題，法師的顧慮十分周全，就按您說的辦，我會派人前去守衛。法師可以在這裡安歇個三、五日再回長安弘福寺，有任何需要就找房玄齡即可。」

說罷，玄奘法師才辭別太宗，結束了這場會見。

從這些對答，我們可以了解，玄奘法師雖然心地澄淨、不為世塵所染，卻並非是個只會讀書、講道理但不通人事的學問僧，他在人事的進退應對上也是極其有度的；能夠不卑不亢、適時地在守禮有度的前提下道出合對方胃口的話語，沒有迂腐讀書人的莫名高傲，更無一絲求利懼威的卑躬諂媚。

同時，玄奘法師也很清楚知道自己要做什麼、不做什麼；所謂「君子有所為、有所不為」，正因為有所不為，才能有所為也；在這方面，玄奘法師的心從不曾輕易動搖。這樣的穩定與清明背後，需要很多不為所動的淡然與坦然。此外，也能看到，玄奘法師在回絕對方時，常能用一種極為智慧的態度顧全雙方；既不為難自己，也能以通情達理的方式讓對方接受。

在玄奘法師身上，我們看到許多睿智的體現，也更能明白為什麼玄奘法師能走遍西域印度諸國，遊走在諸多君王身邊，卻仍能安然無事。所謂「伴君如伴虎」，如果沒有足夠的應對智慧，光是會宣講巧妙的法義，恐怕也是不夠的；真正的修行者大抵如是，能把佛法全方面實踐在生活中，而非停留在語言概念的層面。當修行至內心越來越澄澈時，無論在哪裡，也不會受到對方地位、權力的威脅，而能總是平靜祥和又有彈性地面對任何人事物，乃至利益彼此。

由各方面看起來，玄奘法師完成西行取經之旅，真正的厲害之處不只是外在承受的艱辛風霜，更體現於玄奘法師內在的許多過人之處與修為，方能成就這般前無古人、後無來者的不朽事業。

弘福寺譯經

貞觀十九年三月初一，玄奘法師回到長安的弘福寺，準備譯經事宜。

譯經之事規模可大可小，可以是一個人拿起經文便開始著手翻譯，也可以是由國家支持的官方譯經場。在玄奘法師之前，中國歷代已經陸陸續續進行過或大或小的譯經工作。

想來，玄奘法師在此之前，便已經深切感受到譯經不一致的弊病。每個法師對於同樣的梵文字詞所使用的漢譯詞不一致的結果，是互相溝通理解與討論的困難；不但不利於彼此討論佛法，在義理與修行上無法提升，還增添了更多誤會、混亂甚至爭執的可能。如果在一起步就跌進許多語言文字概念的坑洞，後續的修行次第欲層層增益，就更是緣木求魚。

如今，在《大藏經》中，我們依然可以閱讀到歷代譯師所翻譯的經文。早期漢代的漢譯經文大量使用中國既有的黃老概念，如後來譯為「波羅蜜／波羅蜜多」（pāramitā），早期則譯為「無極」，故「六波羅蜜多」早期譯為「六度無極」。如此的翻譯方式，容易與「無極」的原意以及原來道教之脈絡混淆。又如，早期將「梵志／婆羅門」（brāhmaṇa）譯為「大道人」（如《中本起經》，後漢・曇果、康孟詳譯），將沙門（śramaṇa）譯為「大沙門」（《中本起經》），卻又並不統一，時見兩者混用。（註一）然而，沙門與婆羅門在印度社會是完全不同的身分。

更不用說，同樣一個字詞卻有許多不同翻譯。例如涅槃（nirvāṇa），又譯為泥曰、泥洹、泥畔、滅、滅度、寂滅、不生、無為、安樂、解脫等，不免於溝通交流時多一層阻礙。較為特別的是，早期將「十二因緣」當中的「觸」（sparśa），譯為「更樂」，將「受」（vedanā）譯為「痛」。此類的譯詞又更加難以理解或容易混淆。諸多問題，不及備載。

玄奘法師多少是受到這些混亂影響，致使閱讀經典上的困難，才讓他下定決心西行求法。如今，他好不容易把原典千里迢迢地帶回中土，絕不可能再重蹈覆徹，必定要建立一個深思熟慮、流程完整的翻譯規則與譯經工程。

翻譯有很多面向，至少包括兩個層次，每個層次又有兩種不同方式：在文句結構的層次，可以分成「直譯」和「意譯」；而單詞方面，也能分為「音譯」和「意譯」。

在文句結構層次方面，因為梵文的文法以及語句結構與中文相當不同，直譯的方式常會讓慣用中文語法的閱讀者感到不適應；例如，動詞或形容詞放在名詞後面。再加上古代並無標點符號，若對梵文不熟悉而直接閱讀直譯的漢譯經典，很有可能造成讀者點書句讀的困難甚至錯誤，並因句讀的錯誤而導致誤解的情形。然而，直譯的方式卻也最能原汁原味地保留經典的原貌，可謂利弊參半。

歷代的譯師，晉代道安法師（西元三一二至三八五年）最為提倡直譯而反對意譯，並提出「五失本」和「三不易說」。（註二）「五失本」指的是五種會失去文本本意的情形，包括：一，完全使用中文的語句結構。二，中國的文章相較之下較重視文藻優美，但過度文飾恐會失去本意。三，經典原文經常會有反覆再三的情形，翻譯時若因其反覆而刪減之，也可能失去本意。四，原典經文中常附有說明的文字，漢譯時若被任意刪除，也會失去本意。五，經典原文在說完一事、接敘他事之時，常會有復述前文的情形；漢譯時若省略復述的部分，也會失去本意。

「三不易說」則意指三種不容易翻譯的情形，包括：其一，古今風俗不同、用語習慣不同，如何譯成適合當代理解的語詞，這是第一種不容易。其二，說的是考量閱讀者的方面；佛陀、菩薩和阿羅漢等的修行境界極高，所開示的內容如何翻譯，才能使佛法修為上有相當落差的一般人能懂，是第二種不容易。其三，則是翻譯者的難處。道安法師的意思是，往昔阿難尊者和大迦葉尊者集結經典的時候，離佛陀時代這麼近，而且本身是阿羅漢，尚且兢兢業業地字斟句酌；遙距千百年之後的譯師，該如何斟酌才能把握佛陀的深意？這是第三種不容易。

然而，事情終不可能方方面面皆圓滿，有其利便有其弊。直譯造成閱讀不易，因此歷來也有不少主張意譯的譯師，如東漢・安世高、三國時代的東吳・支謙。而譯師中最為有名的，當數鳩摩羅什法師；鳩摩羅什法師的譯本甚為平易近人，流傳至今仍然廣為流布、深受喜愛。但是，意譯要能夠兼顧兩方的語意，實在是非常不容易的事情，非常考驗譯師高度掌握梵文與古漢文的功力，頗有可遇不可求之難。

「五不翻」與譯經分工

在路途乘馬或騎駱駝的時間裡，玄奘法師應該有很充裕的時間在心裡想好了譯經的一些規則與方式。在語句結構上，玄奘法師最終採取了保守的直譯，且並不刪減原文中任何反覆出現的語句段落，非常忠於原典，也是玄奘法師對經文最高敬意的體現。

綜合多方考量，玄奘法師還提出了著名的譯經五大原則，即所謂「五不翻」——意思是不翻譯其語詞的意思，而只用音譯。此原則至今依然是翻譯經典的重要參考依據，足見玄奘法師的深思熟慮。

「五不翻」的原則如下——

祕密故不翻：主要是針對密咒的部分。遇到密咒的部分直接音譯，不使用意譯。因為是諸佛祕密之語，其意義甚至用法微妙深隱，非思議能及，因此不予翻譯。並且，咒語之作用不僅是語詞意義本身，咒音本身亦有功能，故玄奘法師直接採取音譯。

含多義故不翻：有些語詞有多種含義，如果只選其中一個當代表來翻譯，便會有偏頗缺失的問題；這樣的情形，也會直接採取音譯。例如「薄伽梵」（Bhagavān）一詞，常見譯為「世尊」；然而，此語詞兼具「自在、熾盛、端嚴、名稱、吉祥、尊貴」等六種含義，翻譯為「世尊」雖易理解，卻也遮蓋了它更深、更廣的意義。

此方無故不翻：漢地沒有對應的東西，也直接音譯。如當地的一些樹木、花果之名，像是閻浮樹、菩提樹。

有古譯故不翻：如「阿耨多羅三藐三菩提」（anuttara-samyak-saṁbodhi），意思是「無上正等正覺」。然而，因為在玄奘法師之前已習慣譯成阿耨多羅三藐三菩提，這個譯詞也已普遍被知曉，大家都明白這個意思，便延用之。

令生善故不翻：為了讓讀者閱讀時能直接感受而生起尊敬之善心，有些語詞也不用意譯。例如，「般若」（prajñā）意譯成「智慧」似乎過於局限；釋迦牟尼（Śākyamuni）的 Śākya 意思是「能夠」、muni 意思是「聖人」，但翻譯為「能仁」或「釋迦族的聖人」則顯得太蒼白無力。因此，也是保留音譯，菩提薩埵（bodhisattva／菩薩）也是一樣。

這些原則玄奘法師已了然在胸，如今加上有整個帝王家做為後盾，現在只需要人力、物力付諸實現即可。唐代的譯經工作在玄奘法師回國之前已經頗具規模，比較有名的是波頗（Prabhākaramitra，西元五六四至六三三年）在大興善寺的譯場。根據《開元釋教錄．波頗傳》（註三）記載，可以看到，至少在貞觀三年時，官方就已經設立譯經場，分工有序。

玄奘法師參考既有的譯經分工制度，設計了總共十道工序職位。（註四）房玄齡按照玄奘法師提出的譯經工程架構與所需，奏報給人已經在定州（今河北省定州市）的太宗，太宗一應批准之後，便開始動工。首先是開始在全國各地招募精通佛理的高僧大德，以下分別是十個譯經分工職位與所招募到的人——

譯主：譯場的主持人，職責包括總招、統籌乃至協調各種譯經過程出現的紛爭疑難雜症等。如參考《宋高僧傳》中所說，譯主還有一個重要的功能，即宣讀貝葉經上的原文，然後講解其意。此職位由玄奘法師親自擔任。

證義：與譯主一起評量翻譯的內容，以盡可能提高翻譯文的精準度，確實貼近梵文原典之本意。這項工作可謂是譯經的靈魂，非常重要，因此玄奘法師請來了十二位當時公認精通解脫道與菩提道的大德，分別是：長安弘福寺的沙門靈潤和沙門文備、長安羅漢寺的沙門慧貴、長安實際寺的沙門明琰、長安寶昌寺的沙門法祥、長安靜法寺的沙門普賢，長安法海寺的沙門神昉，廓州法講寺的沙門道深，汴州演覺寺的沙門玄忠，蒲州普救寺的沙門神泰，綿州振嚮寺的沙門敬明和益州多寶寺的沙門道因。

綴文（又稱筆受）：考量梵漢兩種語言的結構差異，調整譯文的語句結構，使譯文之文句流暢，但又不失原意，這需要精通兩種語言的人才擔任。所邀請的大德有九人，分別是：長安普光寺的沙門栖玄、長安弘福寺的沙門明濬、長安會昌寺的沙門辯機、終南山豐德寺的沙門道宣、簡州福聚寺的沙門靜邁、蒲州普救寺的沙門行友、蒲州捿巖寺的沙門道卓、豳州昭仁寺的沙門慧立和洛州天宮寺的沙門玄則。

正字（又稱字學）：檢查是否有錯別字、異體字或生僻字，以及書寫是否正確。由長安大總持寺的沙門玄應擔任。

證梵語梵文：聆聽譯主讀誦梵文文本，確認是否有誤。由長安大興善寺的沙門玄暮擔任。

參譯：將翻譯出來的漢譯經文回譯為梵文，以此相互對照，以確保語意正確。設此步驟，足見玄奘法師之嚴謹程度。（並無紀錄由誰擔任）

刊定：校訂漢譯經文，去除冗句，令譯文之遣詞用句準確流暢。（並無紀錄由誰擔任）

潤文：潤飾所翻譯之漢譯經文。根據《慈恩傳》記載，原無此職位，因翻譯的經文引起一些朝臣的爭議，玄奘法師遂奏請以下人士來幫忙潤文：太子太傅尚書于志寧、中書令兼檢校吏部尚書來濟、禮部尚書許敬宗、黃門侍郎薛元超、中書侍郎李義府、中書侍郎杜正倫等。

梵唄：將譯好的漢譯經文仿照梵唱般念誦，修改音節語句，使譯文聽起來和諧悅耳。（並無紀錄由誰擔任）

監護大臣：為欽命大臣，負責監督與護持譯經工作的進行，定時回報進度與提供所需。由房玄齡擔任。

一切設置妥當之後，譯經工作便正式如火如荼地展開。首先翻譯的是《菩薩藏經》（現收錄於《大正藏》第十一冊，《大寶積經》中的第十二，名為〈菩薩藏會〉）、《佛地經》（現收錄於《大正藏》第十六冊，名為《佛說佛地經》）、《六門陀羅尼經》（現收錄於《大正藏》第二十一冊）和《顯揚聖教論》（現收錄於《大正藏》第三十一冊）。其中，《六門陀羅尼經》篇幅較短，當天就翻譯完成，可說是玄奘法師翻譯工作的里程碑。其他幾部篇幅較長的經典，到了年底才完工。

接著，隔年便開始翻譯《大乘阿毘達磨雜集論》（現收錄於《大正藏》第三十一冊）和浩瀚的《瑜伽師地論》（現收錄於《大正藏》第三十冊）。同年，也完成當初太宗要玄奘法師撰寫的《大唐西域記》，總共十二卷，仔細記錄了西域、中亞到印度的一百三十八個國家的地理位置、自然景觀、特殊物產、民情風俗、奇聞軼事和宗教活動情形（包含一百一十個親自到達的國家，與二十八個聽聞而來的國家），為後世留下極其珍貴的紀錄。

因為印度的傳統與中國不同，並不十分注重歷史紀錄；因此，若不是有法顯大師所著的《佛國記》和玄奘法師這本《大唐西域記》，現代要重建印度的歷史幾乎是不可能的事。

太宗對玄奘法師一直非常推崇讚賞，第一次見面便忍不住希望玄奘法師還俗來輔佐國事。貞觀二十二年，花了兩年的時間，玄奘法師終於譯完一百卷《瑜伽師地論》；太宗當時正好在玉華宮（今中國陝西省銅川市，後來玄奘法師也曾移到此地譯經）避暑，便召請玄奘法師到玉華宮見面。

這一會面，太宗忍不住又希望玄奘法師可以脫下袈裟、換上在家的居士素服輔佐朝政。太宗覺得，這樣既可以為天下百姓謀福利，同時也可以在朝堂上講經說法給大臣和自己聽，豈不是兩全其美？

然而，玄奘法師仍然很清楚堅定自己的志業、定位與立場，以非常大氣得體的長篇抒發己見來婉拒太宗的還俗要求。其大意是說，如今天下大治、四海昇平，太宗本身就如日月光輝一樣照耀海內，且底下的能臣良將甚多，玄奘法師自謙地說，像他這般平庸陋寡才能，實在沒有貢獻的餘地。他唯一的心願只有終身恪守佛門戒律清規，專心一意闡揚佛法。語末，殷重地祈請太宗成全他的志向，讓他可以此為終。

太宗聽完玄奘法師的一席話，很是高興；他當然知道玄奘法師只是謙沖自牧，但也感受到玄奘法師堅定的出家弘法之心。自此之後，便不再提還俗之事，而全力支持玄奘法師的譯經工作，以最豐厚的物資供養玄奘法師。在與玄奘法師的相處過程中，以及閱讀玄奘法師所譯的漢譯經典，太宗也益發地尊崇信受佛法。

之後，太宗又御賜了一件價值好幾百金的袈裟給玄奘法師；整件袈裟看不見一個線頭，做工非常非常精細，是太宗特別交代尚功局（後宮專司紡織品、衣服縫製等之單位）製作的，花了很多年才完成，足見其舉世無雙、絕無僅有。當時，朝野讚仰的高僧並不少，但太宗唯獨賜給玄奘法師，其他僧人婉轉地暗示想要，太宗也不願給。此外，太宗還另外御賜了一把剃刀給玄奘法師。如此種種，可以了解玄奘法師在太宗心裡的特殊地位與分量。

在玄奘法師上表謝恩的內容中，除了表示感激之外，也說到將衣服當成忍辱衣，刀子當成智慧刀，披上衣服以降伏煩惱，揮智慧刀斬斷煩惱障等陳表（忍辱之服……智慧之刀……謹當衣以降煩惱之魔，佩以斷塵勞之網）。我們可以看到，玄奘法師並不真的愛戀錦衣榮服，一心在意的只有佛陀的教誨、自身修為的提升和譯經弘法的救度事業。

太宗征伐遼東時，某次露宿於野外風霜之中，身體因而受了些風寒侵襲；征伐回來以後，感覺健康氣力都大不如前。此時，太宗已經五十歲了，對於生命頗感憂慮；遇到法師的時候，便向法師提及此事，並請教積功累德的方法。

玄奘法師向太宗示以八正道，即「正見、正思維、正語、正業、正命、正精進、正念和正定」，讓太宗的身心回到內斂以及善道的方向上。接著，又向太宗講述五乘，即「菩薩、聲聞、緣覺、天、人」五種不同的生命道路，讓太宗以更宏大的視野重新思考生命的目標與價值。

另外，回應太宗所問的積功累德之道，玄奘法師的回應是：「眾生困苦的根源是智慧未被啟迪，智慧芽要冒出並越長越大，『法』便是最重要的資糧。弘法仰仗的是人的傳法；因此，積功累德最好就是剃度僧人。」（眾生寢惑非慧莫啟，慧芽抽殖法為其資；弘法由人，即度僧為最。）

玄奘法師因應對方的身分這樣回應；畢竟，度僧並非每個人都可以做的。太宗身為一國之君，他的旨意一頒布，便能風行草偃地成為一國的制度，這是最適合他積功累德的做法。

太宗聽了很歡喜，便著手去辦這件事。在跟隨法師的開示指引下行八正道，身體也逐漸恢復精神。同年秋天九月，太宗便下旨，決定在全國各地的寺院各度僧五人，弘福寺則可以度僧五十人。當時，國內共有三千七百一十六所寺院，一共剃度僧尼一萬八千五百餘人。在此之前，由於隋末連年大亂，唐初又時局動盪，導致各處寺院凋殘，僧尼絕跡；直到太宗下旨廣剃僧尼之後，中國僧尼的人數才恢復過來。

大慈恩寺落成

同年貞觀二十二年十月，太宗還駕回到長安，特別在紫微城的西北邊闢了一座弘法院，專門給玄奘法師起居。自此之後，白天玄奘法師就被太宗留在身邊談佛論法，晚上才回到弘法院繼續翻譯經典。

不久之後，新建的大慈恩寺竣工，裡面使用最上等的材料，極為莊嚴，所需之物一應俱全，並設有譯經院。皇太子奉命傳旨玄奘法師，命他為住持，主持一切寺務，同時繼續譯經的工作；並宣令剃度三百僧侶在大慈恩寺中，運營寺務與法務。

十二月，備集宮廷裡的九部樂師、各寺院的幢帳、旗幟和舞獅隊等一千五百多車乘，並事先將要搬入大慈恩寺的兩百多尊佛像、金銀佛像二尊、金縷綾羅幡五百匹暫放在弘福寺；還有玄奘法師從西域印度帶回的舍利、經像等，也都一併裝車。在一黃道吉日，以最高規格的典禮，搬進大慈恩寺中。

當天，整個長安街道張燈結綵，鼓樂弦歌，既熱鬧又莊嚴。萬眾矚目，人潮洶湧，跟隨著一大隊人馬遷移到大慈恩寺中。隨後，皇太子帶著一眾朝臣進到大慈恩寺中禮佛參拜，宣讀大慈恩寺的建寺宗旨，聞者無不感動落淚，為這中土的佛門千古盛事感動不已。

此後，譯經的工作便移到大慈恩寺中進行。

【註釋】

註一：《中本起經·化迦葉品》：迦葉白佛：「願大道人留止，欲相供養。」

明旦作飯，自行請佛。佛言：「便去，今隨後到。」迦葉適還，佛如人屈伸臂頃，東適弗于逮數千億里，取樹果名閻逼，滿鉢而還。迦葉未到，佛已坐其床。迦葉問佛：「大道人從何徑來？」佛言：「卿去後，吾東到弗于逮，取此果名閻逼，香美可食。」佛飯去已，迦葉念曰：「大道人雖神，故不如我道真。」明日食時，復行請佛。佛言：「可去，今隨後到。」迦葉旋還。佛南行極閻浮提界取果訶蚻勒，盛滿鉢還。迦葉未至，已坐其床。迦葉問佛：「何緣先到？」佛言：「南行取此美果，可用愈病。」佛飯去後，迦葉而念：「此大沙門實神實妙。」明日迦葉復行請佛，佛言：「今隨後到。」佛西適拘耶尼，取阿摩勒果，滿鉢而還。迦葉未至，已坐其床。迦葉問佛：「復從何面來？」答曰：「西詣拘耶尼，取阿摩勒果，汝可食之。」佛飯已去，迦葉復念：「是大沙門所作實神。」明日迦葉復行請佛，佛言：「今隨後到。」迦葉反顧，忽不見佛。

佛已到北方欝單曰，取自然粳米。迦葉未至，已坐其床。迦葉問佛：「復從何來？」佛答曰：「北適欝單曰，取此粳米，卿可食之。」佛飯去後，迦葉獨念：「此大道人，神妙乃爾！」

註二：晉．道安，《摩訶缽羅若波羅蜜經抄序》（今已失逸）曰：

「譯胡為秦，有五失本也：一者，胡語盡倒而使從秦，一失本也。二者，胡經尚質，秦人好文，傳可眾心，非文不合，斯二失本也。三者，胡經委悉，至於詠歎，丁寧反覆，或三或四，不嫌其煩，而今裁斥，三失本也。四者，胡有義記正似亂辭，尋說向語，文無以異，或千五百，刈而不存，四失本也。五者，事已全成，將更傍及，反騰前辭已，乃後說而悉除，此五失本也。

「然般若經，三達之心，覆面所演，聖必因時，時俗有易，而刪雅古，以適今時，一不易也。愚智天隔，聖人叵階，乃欲以千歲之上微言，傳使合百王之下末俗。二不易也。阿難出經，去佛未遠，尊大迦葉，令五百六通，迭察迭書，今離千年，而以近意量截，彼阿羅漢乃兢兢若此，此生死人而平平若此，豈將不知法者勇乎，斯三不易也。涉茲五失，經三不易，譯胡為秦，詎可不慎乎。」

註三：《開元釋教錄．波頗傳》：「（貞觀三年）……下詔所司搜敭碩德兼閑三教備舉十科者一十九人，於大興善創開傳譯。沙門玄謨僧伽等譯語，及三藏同學崛多律師證譯，沙門法琳、惠明、慧賾、慧淨等執筆。承旨慇懃詳覆，審定名義具意成文。沙門慧乘、法常、慧朗、曇藏、智解、智首、僧辯、僧珍、道岳、靈佳、文順等證義。又勅上柱國尚書左僕射邘國公房玄齡、散騎常侍太子詹事杜正倫、禮部尚書趙郡王李孝恭等參助詮定，右光祿大夫太府卿蘭陵男蕭璟總知監護。」

註四：工序究竟確實幾道說法不一，也並非是固定不變的設置。隨著譯經工作的進行推移，有時會出現一些問題而調整工序，故而分工的方式亦會有增減，分工內容也會所有分化或整併。目前常見的說法為十個分工，本書也就沿用此說法。

另可參考《宋高僧傳》中，則記載有十二個職位，有些職責內容實頗為類似，其十二種職稱為：譯主、筆受（綴文）、度語（譯語、傳語）、證梵本、證梵義、證禪義、潤文、證義、梵唄、校勘、監護大使、正字（字學）。

第八章　成就河沙夢功德——圓寂

帝聞之哀慟傷感，為之罷朝曰：「朕失國寶矣！」……翌日又謂群臣曰：「惜哉！朕國內失奘師一人，可謂釋眾梁摧矣，四生無導矣。亦何異於苦海方闊，舟檝遽沉，暗室猶昏，燈炬斯掩！」

貞觀二十三年（西元六四九年）初夏四月，太宗到秦嶺山脈北麓的行宮翠微宮散心，皇太子和玄奘法師也陪在左右。太宗除了日常的批閱奏摺之外，大部分時間都向玄奘法師請益佛理。聽玄奘法師說一些玄妙的佛法以及西域的世尊遺跡，聽著聽著，總是忍不住感嘆，與法師相見恨晚，沒辦法早些廣興佛事。

太宗駕崩

太宗從長安出發的時候，身體雖然已經不是很舒服，但精神思慮等方面跟平常並沒有太大差別。然而，到了五月己巳日，頭疼加劇，留了玄奘法師在宮中陪伴。隔天，猝不及防地，太宗便駕崩在含風殿，得年五十一歲。

隨後，太子即位，改年號為「永徽」，為史上之唐高宗。

也許是太宗的壯年驟逝，令玄奘法師再次感受到世間無常迅速，時間寶貴。回到大慈恩寺之後，玄奘法師全心地投入譯經工作，一分鐘都不肯浪費。

每天，玄奘法師都給自己訂立譯經的進度表；如果白天因其他事情耽誤而沒有達標，便會熬夜繼續進行，直到完成當天的進度才肯停筆。每日譯完經還有禮佛與念經的功課，所以常到三更（約為子時，十一點至凌晨一點）才就寢，五更（約寅時，凌晨三至五點）就又起床閱讀梵文本經典做註記，以準備隔天要翻譯的內容。每天傍晚會講授新翻譯的經論兩個時辰（四個小時）給從各州來此學習的僧侶，並回應不明白之處，詳細解說有疑問的地方。

此外，玄奘法師身為大慈恩寺的上座，如果有什麼寺務也會經常需要他來裁決；還有皇帝交付的工作，要玄奘法師監督製作經本和佛像。晚上回到寺裡，寺院裡的百來位僧侶弟子則會擠在迴廊上請益，玄奘法師也都會一一給予滿意的回應，不遺漏任何一人。

如此繁重驚人的工作量，玄奘法師依舊打理得井井有序，且精神氣力絲毫沒有疲態，還能與各方大德高僧分享與討論在西域和印度的見聞、以及其他宗派的主張；如此高談闊論也不覺得疲倦，聲音宏亮、中氣十足。玄奘法師的體力與精力可謂十分驚人。

興造大雁塔

永徽三年春（西元六五二年），玄奘法師五十一歲），玄奘法師有感於世間動盪，歷來的經卷往往容易在朝代更迭中散佚，或者遭水火之災，於是打算在慈恩寺端門的南邊建造一座石砌的浮屠（即 buddha 的音譯，後世指稱佛塔），而且要仿造世尊覺悟處菩提迦耶的金剛寶座塔的樣式建造，非常具有天竺特色。不過，高宗後來頒布的旨意是，如果要按照玄奘法師的要求用石頭造建，工程太浩大，所以改用磚造。

全塔分為五層，每一層的中心都有舍利；有的樓層一千顆，有的兩千顆，總共大約有一萬顆舍利。塔的南面立了兩塊石碑，上面記載了流傳至今的〈二聖三藏聖教序記〉。

「二聖」指的是唐太宗與唐高宗，「三藏聖教序」指的是唐太宗寫的〈大唐三藏聖教序〉和唐高宗寫的〈述大唐三藏聖教序記〉。唐太宗寫的〈大唐三藏聖教序〉是在玄奘法師完成《瑜伽師地論》一百卷的翻譯之後，太宗有感而發所寫的一篇序文，放在玄奘法師所譯經論之首，表述玄奘法師的勞苦與功德。而當時為太子的唐高宗在閱讀了太宗所撰的〈大唐三藏聖教序〉後，亦撰寫了一篇〈述大唐三藏聖教序記〉。

兩篇文章在朝野廣為流傳，便在興建天竺式佛塔的時候，由唐朝書法大家褚遂良書寫在石碑上，雕刻成兩座石碑，至今都還能見著。

破土動工的時候，玄奘法師甚至親自挑土搬磚，以示其對此塔的懇切心意與寄託。過了大約兩年的時間，佛塔才完工。

佛塔建成之後，最初名為「雁塔」。但後來另外一座寺院薦福寺也蓋了一座塔，名為「小雁塔」，外型與大慈恩寺的雁塔很相似。為了區別，大慈恩寺裡的佛塔遂被稱為「大雁塔」，也俗稱「慈恩塔」。

後來，大雁塔除了在典藏佛經上有著重要貢獻，也逐漸融入唐朝人的生活裡。唐朝及第的新科進士，除了參加天子在杏園舉辦的曲江宴，另一件殊榮就是在大雁塔底下題名，揮毫自己的詩句，稱為「雁塔題名」，諸如柳宗元、劉禹錫、白居易、孟郊等人都曾留下千古名句。而唐朝著名的畫家吳道子還有大詩人王維，也都曾在大雁塔裡做過壁畫。

可惜，經過這漫長的一千多年歲月，發生了太多事。包括唐朝的一位宰相李德裕，因為不是進士出身，所以非常不喜歡「雁塔題名」這樣的活動；不但禁了之後的進士這麼做，甚至還命人刨掉了原來牆上留的詩詞。北宋神宗年間大雁塔發生的一場大火，以及歷來多次的修葺，都使得這些珍貴的遺跡一點一滴地消失在歷史的侵蝕當中，以至於現在已經無法看見了。只剩下了歷史滄桑的斑駁，示現了世間成住壞空的必然，留與後人憑弔與悟道。

如前面提到的，大雁塔歷經多次修整，一開始設計為五層，據說約有六十公尺高。後來，唐高宗覺得大雁塔這樣的印度式建築置於長安城建築中有些突兀，於是進行了一些修整，增高為九層。到了武則天長安年間，塔身有些弊壞，於是將原塔拆除後重建一座七層的的方形閣樓。之後，為了打破奇數（陽數）象徵男權的形象，武則天大曆年間又增建為十層。

之後過了兩百多年，戰火多少造成了大雁塔的毀損。到了五代的後唐，大雁塔再次被改建為七層。再之後，西安不幸遭遇地震，大雁塔塔頂被震落，塔身則多有毀損。北宋時期，大慈恩寺已毀損，僅剩大雁塔。直到明萬曆三十二年（西元一六〇四年），重新修葺大慈恩寺與大雁塔，並進行加固工作，才成為現在我們看到的模樣。今塔高六四點五公尺，塔基高四點二公尺。

然而，到了清康熙年間，大雁塔開始傾斜；近代由於西安人口數量增加，地下水大量使用，導致地下水位下降，更是加劇了大雁塔傾斜的程度。所幸後來經過一系列的保護工作，大雁塔的傾斜程度逐漸修正中。

大雁塔已被列為世界文化遺產。的確，又怎麼能不是呢？塔身本身就是時間的沉澱、文化的結晶。玄奘法師畢生的心血、對眾生的殷重與不捨，還有將近一千五百年的風雨、戰火，百姓的血淚、汗水、歡笑與生離死別，朝代的興亡更迭，帝王的榮辱興衰，都融進在這塔身當中。多麼難得的因緣，才能讓我們現在還能站在大雁塔和石碑前面，與玄奘法師以及諸多千古風流人物在時空錯縱中神會。

佛、道之爭

老子李聃是先秦時代著名的哲人之一，所流傳下來的《道德經》及其道家思想影響中國的社會甚鉅，「儒」與「道」被標榜為中國思想最具特色的兩大家。到了東漢時代，老子的形象逐漸被神格化，中國本土發展的道教開始逐漸形成，老子被認為是三清道祖之一，名為「太上老君」。此後，中國的道教逐漸發展而昌盛，深入社會人心當中。

與此同時，佛教也逐漸傳入中原，信奉的人越來越多；逐漸地，兩教的信奉者開始有了一些比較、爭執與衝突。其實，道家專修清淨無為，佛教一樣是禪修寂靜、覺察自身煩惱，兩者本沒有什麼衝突可言。然而，在人世間，便難免夾雜了人間的各種計較與利害關係；人自身的煩惱添加在當中之後，彼此計較互相攻訐的事累積得越來越多，便像一團打結的絲線，結下越來越深的誤會與糾葛。

更巧的是，大唐是「李」姓的天下，高祖李淵自認老子李聃是自己的祖上。因此，在唐朝，道教被立為國教，一直是被放在最高的地位。例如，唐太宗便在老子的故鄉建立了「太上老君廟」，並為老子追封帝號且立在祠堂裡祭祀，還規定將《道德經》納入科舉的內容，百官也都要學習。高宗時，則諭令全國廣修道觀，他的兩位公主還被送進道觀裡當了女道士，可見道教在唐朝被尊崇的程度。

唐朝的開國之君固然姓李，道家、道教或老子之思想也的確值得推廣與學習；然而，唐高祖李淵真的只是因為這些因素所以立道教為國教嗎？恐怕還有更多的政治考量，也就是欲借助道教的力量，讓李淵的稱帝取得合理性。魏晉南北朝以來，門閥士族的勢力影響一直很大，而李氏之族並非出於士族。為了展現「授之於天意」的氛圍，李淵借助道教的符讖，令人散布「老子度世，李氏當王」的讖言，如此才能夠名正言順稱帝。

之後的武則天，為了取得權位、成為女帝，一樣是借助佛教的力量與象徵李氏一族的道教勢力抗衡。武后借僧人之口對外宣稱她是彌勒佛轉世，因此應該取代李氏一族改朝換代云云。

由這些事情可見，佛道之爭其實只是人世間權力之爭的傀儡罷了，無論是朝堂上或者是百姓之間的。

在三教順序為「道、儒、釋」這樣的條件背景下，也就不難理解唐朝的道士和僧人之地位對比。貞觀十一年，玄奘法師尚未歸國時，唐太宗曾經頒布一道敕令：「老子是朕的祖宗，名位稱號，宜排在佛前。」頒布敕令之時，曾引起普光寺大德法常、總持寺大德普應等數百人到朝堂上陳情說明、力排此事，然而太宗並不為所動。玄奘法師歸國之後，也曾經上奏太宗陳諫此事；太宗雖然說願意商量，但還沒有結果，太宗就猝逝了，事情又被耽擱下來，不了了之。

到了永徽六年（西元六五五年，玄奘法師五十四歲），高宗頒布了一道敕令：「道士與僧人如有犯罪的情形，而難以辨知犯罪實情時，便可以使用與百姓一樣的方式來推敲勘查罪行。」高宗的本意可能只是讓執掌刑律者有更大的空間來偵察犯罪情形；然而，敕令傳到較遠的邊疆地區，意思卻被曲解了。道士地位較高，還不至於輕易受到侵犯，但僧人的情形就不同了。社會上本就積累了一些佛、道的矛盾，有許多僧人因此不分青紅皂白就動輒被嚴刑加身，甚至是被隨意羞辱。

玄奘法師聽聞這些事情後，寢食不安，連忙上呈奏章陳情此事，委婉地勸諫高宗，這樣的政策實在不是有利於國家的善策。

高宗後來終於回覆玄奘法師；然而，內容依然是說，道、佛的地位先後是先帝的旨意，此事的更動還需要與朝臣商議；不過，高宗倒是收回了「僧俗同法」的敕令。此後，僧人才稍稍能夠比較安心地誦經禪修，不用時時擔心會遭受沒來由的刑罰或羞辱。據《慈恩傳》記載，玄奘法師看到高宗的旨意，不禁悲喜交集地熱淚盈眶。

不知道法師流下的熱淚究竟是喜還是悲？從現在留存的一些文獻，我們還是能看到隋唐以來佛、道雙方互相攻訐的激烈言語，有些真的非常不客氣，偏離了就理論理，而是到了人身攻擊的地步。身處在這樣的時空背景下，又夾在朝廷皇權之間，雖然玄奘法師自身是備受君王崇敬的，但其他僧人的處境就未必如此幸運。愛智尚理的玄奘法師，不知是否曾因此感覺到深層的無奈。

對比於在印度，印度的傳統氛圍仍舊是以理為先的；有道理的話，多數人都願意放下身段來推崇，甚至是國王。但是，在中國的傳統卻不一樣，皇帝的權力與顏面是不容說理與挑戰的，還有本土的道教乃至儒家之思想爭競問題；哪怕是最開放的大唐，恐怕也很難挑戰這些底線。

在玄奘法師歸國以後的紀錄中，能看見很多玄奘法師給皇帝的奏表，言詞總是字斟句酌、冠冕堂皇，多數為謝恩的禮節。想來，玄奘法師需要花許多力氣應付朝廷的繁文縟節，即使想要到偏遠的少室山遠離帝力、專心譯經，卻屢屢遭拒，可說身不由己。

在玄奘法師心裡，最大的挑戰與磨難，究竟是風霜雪雨但自在的西行之旅，還是身處深宮皇權之中的多方周旋與身不由己呢？玄奘法師可曾憶念過，在高聳的雪山冰原上的旅途，雖然物質條件艱苦，但精神與內心卻無比地純淨，就像雪山上的冰和那一片無際的藍天一樣。

然而，為了譯經，為了讓未聞的眾生能夠聞法而度脫苦海，玄奘法師也許不會為這些事情感到困苦吧？因為，他的心是如此地弘大又心繫眾生，也就能無入而不自得了。

翻譯《大般若經》

在中原，般若系列的經典一直廣受重視與喜愛，於當代華人世界廣為流傳的《金剛經》和《心經》也都是般若經典的一部分。在玄奘法師之前，般若經典便已經流傳進中土，也有漢譯本，但主要是單行本，也就是般若經系列的其中幾會。

追溯回去，最早應該是由東漢支婁迦讖（Lokakṣema）所翻譯的《道行般若經》，又被稱為「八千頌般若經」（Aṣṭasāhasrikā Prajñāpāramitā Sūtra）；翻譯的時間大概是在西元一七八至一八九年，梵文本相當於後來玄奘法師所翻譯的《大般若經》第四會。

到了三國時期，曹魏的僧人朱士行到于闐國求得「兩萬五千頌般若經」（Pañcaviṃśatisāhasrikā Prajñāpāramitā）的梵文原本，時間大概是在西元二〇六年，後由無羅叉和竺叔蘭共同翻譯而成《放光般若波羅蜜多經》。同樣的梵文本又被西晉的竺法護譯為《光讚經》。

還有東晉著名的鳩摩羅什法師（西元三四四至四一三年），分別將兩萬五千頌本譯為《大品般若經》，將八千頌本譯為《小品般若經》，兩本合稱為《摩訶般若波羅蜜經》。另外，鳩摩羅什法師也翻譯了當時在西域廣為流傳的《仁王般若波羅蜜經》，以及流傳至今的《金剛經》，相當於《大般若經》的第九會。

之後，六世紀中印度的王子月婆首那（Upaśūna）來到中國南朝的陳，翻譯出《勝天王般若波羅蜜經》，相當於《大般若經》的第六會。

雖然陸陸續續譯出的漢譯本不少，但世人總感覺到並不周備，便懇請玄奘法師翻譯完整的般若系列經典。由於玄奘法師帶回來的般若系列經典非常龐大，考量到在京城事務倥偬、多被打斷，也考量到自已年歲已高、不知道還剩下多少時間，為了能夠專心一致地翻譯，以求在有生之年能夠譯完《大般若經》，玄奘法師便奏請要到玉華宮（也就是玄奘法師與太宗第一次會面的地方）專心一意地翻譯。高宗同意了，遂將玉華宮改為玉華寺。

於是，顯慶四年（西元六五九年，玄奘法師五十八歲）十月，法師便帶著譯經的大德與弟子們遷移到玉華寺肅誠院；顯慶五年開春，便開始翻譯《大般若經》。玄奘法師帶回來的《大般若經》梵文本總共有二十萬頌，非常龐大；

玄奘法師所譯的漢譯《大般若經》放在《大正藏》中，足足有三大冊，可見當時工程之浩大不易。

因為原文相當長，譯經過程當中，翻譯團隊裡的人便希望可以稍微刪減一些重複的片段，如同鳩摩羅什法師的譯法。玄奘法師大概是考量到進度以及眾人的意願，便打算順從大家的意見、刪去重複的段落。然而，才起了這樣的念頭，當天晚上睡覺時便做了噩夢：一會兒夢見坐車和走路在危險搖搖欲墜的路上，一會兒又夢見猛獸跳出來撲人，嚇得玄奘法師一身冷汗地驚醒過來。這些噩夢似乎是在對玄奘法師提出警告。

隔天，玄奘法師立刻向眾人宣布，還是按照一直以來訂立的嚴謹規則翻譯，不做刪減。當天晚上，隨即夢見諸佛菩薩眉間放光，照觸在玄奘法師身上，身心感到非常怡適；又夢見自己親手拿著花燈供養諸佛，然後昇座高臺講經說法，眾人恭敬圍繞，說法與聽法皆一片神怡法喜；還夢見有人供養名花異果。

種種夢境皆呈現祥瑞之兆。玄奘法師醒來後感覺十分安詳喜慶，更加不敢再起刪減經文的念頭。

如梵文本當中所示，世尊當時曾在四個地方開演般若法會，一是王舍城鷲峰山，二是給孤獨園，三是他化自在天王宮，第四處則是在王舍城竹林精舍，總共一十六會，合為一部。玄奘法師從印度帶回來共三個版本，在翻譯的時候，如果有疑慮，便會仔細地參照三個版本，殷勤考校後，方肯下筆，對原文相當恭敬與謹慎。

在文意方面，如果遇到覺得奇怪、無法理解或無法抉擇哪種解讀才對的部分，玄奘法師總是會生起特殊的感受，彷彿從另外一個境界有人傳遞訊息給玄奘法師，便突然感覺豁然開朗、如撥雲見日一般，明瞭文意的正確理解方式。

玄奘法師對此曾說：「這樣的領悟豈是我玄奘的粗淺內涵可以悟通的？必然是諸佛菩薩在暗中幫助。」（如此悟處豈奘淺懷所通，並是諸佛菩薩所冥加耳。）足見玄奘法師的謙遜以及對經典的敬重之心，面對諸佛菩薩修行所證悟的境界，一絲一毫皆不敢妄加詮釋揣測；也因此，我們如今才能有幸讀到最貼近原文的漢譯經典。

《大般若經》初會中，有一品名為〈嚴淨佛土品〉，當中有一段經文是這麼說的：

復次，善現！有菩薩摩訶薩以通願力，盛滿三千大千世界上妙七寶施佛、法、僧。施已歡喜發弘誓願：「我持如是所種善根，與諸有情平等共有，迴向所求嚴淨佛土，當令我土七寶莊嚴，一切有情隨意受用種種珍寶而無染著。」

復次，善現！有菩薩摩訶薩以通願力，擊奏無量天上、人中諸妙音樂，供養三寶及佛制多……盛滿三千大千世界人中、天上諸妙香花……營辦百味上妙飲食……營辦種種天上、人中上妙塗香、細軟衣服……嚴辦種種人中、天上隨意所生上妙色、聲、香、味、觸境，供養諸佛及佛制多、獨覺、聲聞并諸菩薩，施餘生類。歡喜踊躍發弘誓願：「我持如是所種善根，與諸有情平等共有，迴向所求嚴淨佛土，當得無上正等覺時，令我土中諸有情類，隨心所樂上妙色、聲、香、味、觸境應念而至，歡喜受用而無染著。」

就在要翻譯到這段經文的時候，玉華寺的住持慧德和翻譯經典的僧人嘉尚，在當天夜裡都做了一個同樣的夢：玉華寺內打掃地十分乾淨，到處掛著莊嚴的幢幡寶鬘，四處則是香花和寶物以及音樂，又看見無量無數的僧人拿著花蓋等供養的器具前來供養《大般若經》。寺院內的巷子、牆壁都披著裝飾的錦布，地上則鋪滿了名花，一直延伸到翻譯的經院。翻經院裡的華麗情形更加殊勝，彷佛就像經典裡面形容的那樣，聚集了三千大千世界中最上妙的香花寶物。之後，聽到翻經院裡的三個講堂都傳出講經說法的聲音，玄奘法師則是在中堂講演。

看到這樣盛大莊嚴的場景，兩位法師歡喜地驚醒過來。醒來之後，覺得這個夢非常地特殊，便跑去跟玄奘法師報告此事。

玄奘法師也歡喜地說道：「今天正好要翻譯到這個部分的經文，必定是諸菩薩前來供養《大般若經》，你們的夢就是最好的印證。」

也在這個時候，大殿旁邊的兩棵柰樹（蘋果樹的一種）忽然在非開花的季節開了花，而且開出來的花瓣都是六瓣，紅白相間非常美麗。大家紛紛說道，必定是般若經典再次被弘揚的徵兆，花瓣的六數正好應驗著六波羅蜜多。

雖然出現這麼多的祥瑞之兆，玄奘法師在翻譯此經的時候，依舊感覺戰戰兢兢；因為，他當時已經六十歲了，他覺得自己一定會在玉華寺命終。《大般若經》是如此浩瀚，他常擔心自己沒辦法活著完成此經的翻譯。因此，玄奘法師除了自己時刻不敢鬆懈之外，也總是勉勵大家務必要加緊腳步，不辭艱辛。

終於，一直到龍朔三年（西元六六三年，玄奘法師六十二歲）十月，總共花了足足三年的時間，玄奘法師翻譯的《大般若經》才大功告成，為世人留下這部足以讓大地震動的珍貴經典。

玄奘法師在譯完《大般若經》之日，感動地合掌召告諸佛菩薩與眾僧道：「此經與漢地有緣，玄奘能來到玉華寺，這是此經的力量；如果還在京師長安，必然是諸緣牽亂，就不可能這樣順利完成翻譯。今天終於完成此經的翻譯，是諸佛還有龍天在冥冥中的護佑啊！此經乃鎮國之典、人天的大寶啊！」大家聽完也都感動得歡喜踴躍，喜不自勝。

這樣的因緣殊勝得難以言喻。「般若波羅蜜多」為諸佛之母，為其他波羅蜜多的眼睛和前導，這是多麼重要的法！感謝玄奘法師帶回這麼珍貴的經典，又辛勤嚴謹地翻譯成漢文，讓中土從此得以聽聞與學習如此殊勝的教法，使得智慧之光有機會萌發。

玉華寺的管事寂照法師為了慶賀《大般若經》完譯，在寺內設齋供養，當天便把《大般若經》從肅誠殿請到嘉壽殿齋所講讀。迎請經典的時候，《大般若經》竟然放出了大光明，並從空中下起了花雨，還能聽見美妙的音樂和聞到奇異的香氣，似乎都不是人間所有。

玄奘法師看到這樣的靈瑞倍感欣慰，向弟子說道：「經文中曾這樣說：『有嚮往大乘者，無論是國王還是大臣等四部徒眾，如果能書寫、受持、讀誦與流布此經，皆得往生天上與究竟解脫。』既然此經典有如此功德，我們可不能不廣加宣講呀！」

玄奘法師真是時時刻刻都心繫著苦海眾生，一心只希望能廣利諸有情，未嘗自滿自得於自己翻譯經典的成就。也就是這樣完全忘了自己個人成就得失的人，才能完成如此弘大的成就吧！

五蘊崩解

玄奘法師雖然展現了驚人的體力與精力，但畢竟還是五蘊和合的血肉之軀，有為法終是難免磨損朽壞的歷程。玄奘法師西行之旅一路經歷許多風霜乾熱，這些勞苦與極端惡劣的環境，還是在身體落下了一些損害。

據說，玄奘法師是患了一種叫做「冷病」的宿疾，大抵是因為寒邪入侵後沒有及早醫治，日積月累所落下的慢性病根。每當冷病發作的時候，便會出現心臟衰竭的情形，使人痛苦萬分。數年間，玄奘法師一直是靠著藥物來調節與防禦才能撐過來，多次病發也讓玄奘法師頗難消受。顯慶元年（西元六五六年，玄奘法師五十五歲）夏天的時候，因為天熱而消暑貪涼，不慎引發了這個宿疾，嚴重得幾乎命危。

還好，身邊的人及時通報高宗，高宗立刻派最好的醫生與針灸師來醫治玄奘法師，所需的藥物一概供給；如此晝夜不離地看護了五天，玄奘法師的病情才由危轉安。然而，病中的玄奘法師也很難安心養病，有太多的事情等待玄奘法師裁決與陳情，還有太多等待翻譯的經典懸在法師的心裡。

回到大唐的十九年間，玄奘法師孜孜不倦地投入翻譯事業，總共換了四個地方譯經，包括一開始的弘福寺、後來興建的大慈恩寺、為太子祈福而建的西明寺，以及最後的玉華寺。被皇上欽點陪伴時，也絲毫沒有停下，隨身攜帶經典翻譯之處，更是遍及各宮殿，包括終南山翠微宮、長安凝雲殿順賢閣、洛陽的積翠宮、飛華殿、麗日殿等處。

翻譯完最後一大部的《大般若經》之後，玄奘法師一顆懸著的心總算落了地。然而，十多年來的蠟燭多頭燒，再加上最後三年來日夜兼程地翻譯《大般若經》的壓力，也讓玄奘法師幾近力竭。法師在翻譯完《大般若經》之後，便感覺到自己身體氣力都大幅衰弱，自知時日將盡。

於是，便召集門人，對大家說：「我來到玉華寺本就是依託《般若經》的緣分；如今，《般若經》翻譯之事已然順利完成，我的命也差不多到了終點。

我死之後，你們辦理我的後事時簡單就好，用竹蓆裹著送到山澗安靜的地方即可，千萬不要放在靠近宮寺的地方，不淨的臭皮囊宜應放在遠僻之處才好。」

眾弟子突然聽到師父這樣一席話，大家都非常驚恐與哀傷，不禁流淚說道：「師父啊！您氣力還好，氣色也跟以前沒什麼差別，怎麼會突然說這樣的話呢？」

法師只是平和地說道：「這事我自己清楚，你們又怎麼能知道呢？」

大家大概是害怕法師真的要與世長辭，於是想出了一個辦法：他們知道，玄奘法師一生最放不下的便是譯經的工作，大家心想，也許法師只要一開始翻譯經典，精神氣力就又會回來了，就不會隨便說出要離世的話。於是，隔年麟德元年（西元六六四年）正月初一，趁著開春之際，翻譯經典團隊的大德們以及玉華寺的眾僧，便慇懃祈請玄奘法師接著著手翻譯《大寶積經》。

玄奘法師抵不過大家的勸請，便試著提筆翻譯了幾行。然而，譯沒幾行字，玄奘法師就住筆沉吟，接著緩緩地把梵文本收了起來，寂然地跟大家說道：「這部經典跟《大般若經》一樣廣大浩瀚，玄奘自知氣力已經無法完成此部巨作。我的死期已經不遠了，今日想前往蘭芝谷等地方禮拜向眾多佛像辭別。」

聽到玄奘法師這麼說，眾弟子只能哀戚地陪著玄奘法師一起到蘭芝谷等地方巡禮參拜。一路上，眾僧深刻地感受到，這次恐怕玄奘法師真的要與大家長辭了，都不禁相顧悲泣。哪怕是對世間無常的道理早就了然於胸，面對如此敬重的師父與千年難得一遇的珍貴緣分，在臨別之際，還是忍不住淚流滿面。無怪乎經典當中說道，世間變動輪迴之苦，眾生的血淚流得比恆河水還要多（《雜阿含經．九三七經》），說得實在是懇切入理，的確如此啊！

世間除了生老病死讓人痛苦又無奈，在輪迴中與親愛的人分離、錯過、沖散，與仇怨者相聚、綑綁，還有這麼多打打殺殺的互相傷害，的確是純一大苦聚集！所以，玄奘法師才要這麼辛勤地翻譯出經典法教，讓世人可以學習從這當中出離與解脫的諸多法門；才會不肯浪費一分一秒、珍惜難得的善緣與暇滿人身，做有益於世間與長遠性命之事業。

玄奘法師巡禮回來之後，開始一心一意地專精於修道上，不再進行任何翻譯事務，從這也能看出玄奘法師拿得起也放得下的釋然與豁達。縱然譯經為他一生最重要的志業；但是，緣盡該放下的時候，玄奘法師也是說放便能放，專注在眼前更重要的往生道業。

玄奘法師有一位來自高昌國的弟子玄覺，元月八日那天，忽然在夜裡夢見有一座非常巍峨莊嚴的佛塔轟然傾頹。夢醒之後，玄覺甚感不安，連忙跑到玄奘法師跟前向法師報告此事。玄奘法師平和地寬慰他：「這應該不是應在你身上的夢兆，而是我將要離開的徵示。」隔天，也就是元月九日傍晚，玄奘法師在走過寮房後的小溪時，不小心跌倒而磕傷了脛骨上的皮肉，此後便開始臥床養病不起，生命徵象逐漸微弱。

到了元月十六日，法師忽然像夢醒了一般，睜眼微笑，開口說道：「我的眼前有大白蓮花呢！比輪軸還大的白蓮華，是這樣地鮮淨可愛。」

隔天，十七日，玄奘法師又夢見數百數千高大之人穿著華麗的錦衣，拿來無數的璀璨綺繡、珍奇異寶與名花妙香來裝飾玄奘法師臥病的房間，然後延伸到整個翻經院的內外，一直迤邐到翻經院後面的山嶺樹間，都懸掛著五彩幢幡，空中還有樂音飄揚。

然後，玄奘法師還看見門外有許多寶車，車上載滿了各式各樣的美妙食物瓜果，看起來並不像人間所有。高大的人不斷地將美妙食物一盤接著一盤地拿進屋裡來供養法師，法師趕忙謝過道：「這些珍味食物，應該是證悟了神通的人才能享用的，我還沒有到那個境地，怎麼敢接受呢？」雖然玄奘法師如此推辭，高大的人還是不停地將香潔珍奇的食物拿進來給法師。

在一旁服侍的人看到玄奘法師這樣對著空中推辭，便輕輕咳了一下；玄奘法師才如初醒般，原來剛剛所見皆是幻境。

種種祥瑞出現，玄奘法師感歎道：「玄奘一生以來所修之福慧，從這些種種徵象看來，功德真的都不會白白消失，足見佛陀所教導的因果並不假啊！」

寺裡的嘉尚法師幫玄奘法師整理了回京之後辛勤工作的結果如下：

所翻譯的經論總共有七十四部，一千三百三十八卷——

《緣起經》一卷

《大般若波羅蜜多經》六百卷

《般若波羅蜜多心經》一卷

《顯無邊佛土功德經》一卷

《大寶積經．菩薩藏會》二十卷

《稱讚淨土佛攝受經》一卷

《佛臨涅槃記法住經》一卷

《大乘大集地藏十輪經》十卷
《受持七佛名號所生功德經》一卷
《藥師琉璃光如來本願功德經》一卷
《說無垢稱經》六卷
《如來示教勝軍王經》一卷
《天請問經》一卷
《寂照神變三摩地經》一卷
《解深密經》五卷
《佛說佛地經》一卷
《甚稀有經》一卷
《最無比經》一卷
《緣起聖道經》一卷

《分別緣起初勝法門經》二卷
《本事經》七卷
《稱讚大乘功德經》一卷
《諸佛心陀羅尼經》一卷
《咒五首》一卷
《十一面神咒心經》一卷
《不空羂索神咒心經》一卷
《持世陀羅尼經》一卷
《六門陀羅尼經》一卷
《勝幢臂印陀羅尼經》一卷
《八名普密陀羅尼經》一卷
《拔濟苦難陀羅尼經》一卷

《菩薩戒羯磨文》一卷
《菩薩戒本》一卷
《佛地經論》七卷
《阿毗達磨集異門足論》二十卷
《阿毗達磨法蘊足論》十二卷
《阿毗達磨識身足論》十六卷
《阿毗達磨界身足論》三卷
《阿毗達磨品類足論》十八卷
《阿毗達磨發智論》二十卷
《阿毗達磨大毘婆沙論》二百卷
《入阿毗達磨》二卷
《五事毗婆沙論》二卷

《阿毗達磨俱舍論》三十卷
《阿毗達磨俱舍論本頌》一卷
《阿毗達磨順正理論》八十卷
《阿毗達磨藏顯宗論》四十卷
《廣百論本》一卷
《大乘廣百論釋論》十卷
《大乘掌珍論》二卷
《瑜伽師地論》一百卷
《瑜伽師地論釋》一卷
《成唯識論》十卷
《唯識三十論頌》一卷
《唯識二十論頌》一卷

《攝大乘論本》三卷
《攝大乘論釋》（世親造）十卷
《攝大乘論釋》（無性造）十卷
《辯中邊論》三卷
《辯中邊論頌》一卷
《顯揚聖教論》二十卷
《顯揚聖教論頌》一卷
《大乘阿毗達磨集論》七卷
《大乘阿毗達磨雜集論》十六卷
《大乘成業論》一卷
《大乘五蘊論》一卷
《大乘百法明門論》一卷

《王法正理論》一卷

《觀所緣緣論》一卷

《因明正理門論本》一卷

《因明入正理論》一卷

《大阿羅漢難提蜜多羅所說法住記》一卷

《異部宗輪論》一卷

《勝宗十句義論》一卷

造書一部：《大唐西域記》十二卷

所造的俱胝畫像、彌勒像，各一千幀。

造塑像十俱胝。

抄寫《大般若經》的〈能斷金剛分〉（即《金剛經》）、《藥師經》、《六門陀羅尼經》等經各一十部。

供養悲敬二田（即二福田，其一為「悲田」，貧窮困苦之人也；二為「敬田」，三寶也）各萬餘人。

燒百千燈以替數萬眾生祈福懺罪。

嘉尚法師記錄完畢之後，一一宣讀給玄奘法師聽。法師聽完高興又安慰地合掌禮敬，向門人說道：「我的壽命即將到盡頭，我也想要離開了，請將有緣之人集合過來吧！」勉慰眾人之後，交代把衣服和剩餘的一些值錢的東西都拿出來用於製造佛像以及後續的法事。

元月二十三日，在經院中設齋布施，然後又讓塑造的工匠宋法智於嘉壽殿中豎立起菩提像。玄奘法師安詳喜悅地與寺院的僧眾、翻經院的大德們和弟子們辭別，說道：「這個身體已經衰敗不堪、成為累患，不值得繼續留戀，而且該做的事情都已經做完了，沒什麼必要再繼續留住於世間。願以所修福慧迴施給諸有情，共諸有情一起往生兜率天彌勒菩薩處，以奉事慈尊。當未來彌勒佛要下生的時候，也願一起隨著下來廣作佛事，一直到成就無上菩提。」

與大家辭別完後，玄奘法師便安靜地閉上眼睛，專心一致持誦《心經》，然後又口說偈頌，教導旁人一起念誦：「南無彌勒如來應正等覺，願與含識速奉慈顏；南無彌勒如來所居內眾，願捨命已必生其中。」

如此持續念念不斷。

功德圓滿

禎祥福瑞之兆持續不斷。當天夜裡，玉華寺的住持慧德，夢見有一千尊的金像從東方飛來下至翻經院中。再過幾日，二月四日，負責侍病的僧人明藏禪師看見有兩個大約身高三公尺的人，一起捧來了一朵大白蓮花，大概有車輪這麼大，花瓣三重，葉長三十公分，光淨可愛，無與倫比。兩人將花捧到玄奘法師的床前，說道：「法師自無始以來因為損惱眾生而造下的惡業，已經由如今現前的疾病得到消除，應該感到欣喜寬慰。」

法師聽罷，環顧四周之後，合掌寂默良久；隨後，緩緩地以右手支著頭，然後將左手放於大腿上，伸直雙腿重疊，以右脇著床的方式側臥。就這樣，維持著這樣的姿勢，不再移動，也不再飲食，一直到隔天二月五日的夜半。

弟子們垂淚在床前問道：「師父啊，您是否已經確定可以往生到兜率天的彌勒菩薩尊前呢？」

玄奘法師緩緩地回答道：「是的，可以。（得生。）」說完，呼吸就越來越微弱，慢慢地停止了氣息，往生而去。眾人一時間還不確定玄奘法師是否已經圓寂，拿來棉絮到鼻前測試呼吸，才確定玄奘法師真的已經離開。法師世壽六十三歲。

玄奘法師圓寂之後，是從腳底漸漸向上冷卻，最後頭頂還是暖的，臉色白裡透紅，比平常看起來還要安詳柔和。這樣的情形維持了七七四十九日都沒有改變，更沒有出現異味。如果不是禪定、智慧與持戒的深厚功德，是不可能如此的。

在長安大慈恩寺的明慧法師一直非常勤修道業，如經典所教導一樣，每日初、中、後夜都持續誦經與經行，絲毫不懈怠。在玄奘法師圓寂的那天晚上，明慧法師在繞佛堂經行時，忽然看見北方射出四道白色的虹光，從天空北方向南貫射到慈恩塔院，非常皎潔明亮。

看到這樣的異象，明慧法師心裡覺得頗為奇怪。他想到經典中提及，往昔如來滅度的時候，也有白色虹光十二道從西方貫徹天際；如今，類似的異象出現，該不會在北邊玉華寺的玄奘法師有什麼事情發生吧？

天亮之後，明慧法師把夜裡看到的異象告訴大家，大家皆嘖嘖稱奇、頗為納悶。二月九日，玄奘法師圓寂的事情便傳到了京城，應驗了虹光之事。

先前，高宗已經收到奏報，說玄奘法師因受傷臥病在床，高宗立刻派御醫過去給玄奘法師治病。然而，不幸的是，當兩位御醫抵達玉華寺時，玄奘法師已然圓寂。

消息傳回京城，高宗痛哭不已，當即散了早朝，感嘆道：「朕喪失了國寶啊！」然後，又感傷地說道：「可惜啊！非但是朕痛失玄奘法師這樣的國寶，更可以說是佛教折斷了一根頂梁柱呀！千萬眾生失去了引導，無異於在寬廣的苦海中沉了船、在暗室中熄滅了火炬一樣啊！」說完，又嗚咽啜泣不止。

高宗替玄奘法師慎重莊嚴地辦了一場後事。雖說高宗有意用最高規格的喪禮，但弟子們不敢違逆法師的遺願，的確是用竹蓆裹著法師身體的方式，將法師抬到慈恩寺的翻經院中，供人禮敬哀悼。每日大概有上千人來瞻禮，前前後後從各地來憑弔的人大概有一百萬人，出殯時隨送的人群大概有三萬人之多。

三月十五日早晨，喪禮結束，玄奘法師火化之後，遺骨安葬在西安東郊滻水東岸的白鹿原。下葬完畢，設齋供養。據傳聞，當日連天地都為之變色，鳥獸齊哀鳴。

後來，據說因為玄奘法師安葬的地方太過靠近長安，高宗每次經過就會傷心，便於總章二年（西元六六八年）下令將玄奘法師的墓地改葬在樊川北原，並修建護國興教寺，另造唐三藏塔供奉。

一代傳奇人物玄奘法師的一生，就此告一段落。

雖然玄奘法師五蘊和合之身在這世間解散了，功德圓滿；但他的影響以及帶給世間的利益，卻不會因為身體的解散而跟著消散。就如同世尊雖然已經涅槃，但只是化現的色身解散而已，諸佛如來不曾真正離開眾生；只要眾生持續修習佛法、實踐佛法，諸佛如來便長隨我們左右。當我們如今依舊持誦著《心經》，閱讀、思維與實踐玄奘法師所帶回來以及翻譯的經典，玄奘法師便依舊在我們的身邊。

佛陀教導世人，世間無常、變動不居，並不會因此使世人變得消極，反而帶出非常積極的生命態度。因為，佛法打開了更廣大長遠的世界觀與生命觀的視野，讓我們了解目前的生活只是暫時的組合，無法長久保存；因此，除了在眼前的世間營生、立業，好好善待周遭難得的緣分，也更能看出，真正有價值的並非帶不走的現世功名利祿——這些堪用、夠用就好，更重要的是能夠帶著走的功德內涵和生命智慧，與人廣結善緣，並修道開發智慧，辨明生命方向。

玄奘法師帶給我們的，正是如此借假修真的生命智慧；因此，在憑弔與讚歎法師之餘，更重要的是學習法師所示現給我們的榜樣與精神。活著的時候，不浪費一點時間，專心一意在志業與生命的道業上，並珍惜善待今生有緣相聚的人們；臨命終時，也就能夠毫無掛念與遺憾，不需要太多的牽絆與不捨，能夠坦然地說再見，繼續各奔前程。

同時，也因為認清生命的長遠道路，孜孜不倦地耕耘，點點滴滴累積，臨命終時的往生將水到渠成，心無罣礙，無有恐怖，遠離顛倒夢想。

願玄奘法師示現的勇氣、智慧與胸懷，隨著他的故事，點亮每一位讀者的生命；並在我們的心中，繼續傳遞與延續這樣的生命勇氣與智慧。

影響

壹・弘傳唯識宗——窺基大師

奘師為瑜伽唯識開創之祖，基乃守文述作之宗，唯祖與宗百世不除之祀也。蓋功德被物，廣矣、大矣；奘苟無基，則何祖張其學乎？開天下人眼目乎？二師立功與言，俱不朽也。

玄奘法師歸國之後，十分重視譯經以及傳法的兩大工作，因為兩者都是傳播佛法的要素。一則必須要有經典可以閱讀和學習，二則必須要有人來宣講經典以傳法要；此兩者也是息息相關的，因為譯經本身就需要大量足夠內涵能力的人擔當。

門下英才輩出

因此，在譯經之餘，玄奘法師也花大量的時間講授與教學，兩項工作的齊頭發展下，玄奘大師自有不少弟子；在大師的親自調教下，門人更是人材濟濟，不在話下。以下便簡述幾位弟子之事蹟。

例如，珍貴的《大唐西域記》，便是由玄奘法師口述，後由其弟子辯機法師撰寫而成。辯機法師文詞優美，參與過多次譯經任務，包括《瑜伽師地論》的證文工作，《六門陀羅尼經》、《佛地經》、《天請問經》等的筆受工作。可惜，後來與皇帝家有些糾葛，終被高宗腰斬，年僅三十歲。

《大慈恩寺三藏法師傳》，一開始是由弟子慧立法師所撰；然而，慧立法師過世時猶未能完成，遂由彥悰法師繼續完成。根據《宋高僧傳》記載，慧立法師撰寫完《慈恩傳》之後，擔心自己寫得還有不完善之處，遂把寫好的草簡埋在地下。古人著書不易，為慎重起見，常會有寫完之後放個幾年沉澱再回頭檢視，直到感到滿意才願流傳。

然而，不久後，慧立法師便病重不起；在病危之際，連忙交代門徒把埋在地下的《慈恩傳》挖出，隨後就圓寂了。幾年之後，這部書輾轉多人之手而四散，門人花了一些功夫才又重新蒐購回來，請彥悰法師幫忙排列書簡的次序，並重新修訂，我們今天才得以看見珍貴的玄奘法師傳記。

另外，靖邁法師則著有《譯經圖記》，記載歷代譯經的目錄，亦擔任《瑜伽師地論》的證文工作，以及其他經典的不同工序任務。

還有來自朝鮮的弟子圓測及神昉。其中，圓測是新羅國貴族的後代，三歲便出家，唐初時遊歷中國；玄奘法師歸國後，便跟著玄奘法師學習，曾造《成唯識論疏》。玄奘法師臨命終前，幫忙整理所做功德者，則是嘉尚法師。

諸多弟子當中，神昉、嘉尚、普光（又號大乘光）和窺基四位被稱「玄門四神足」，受玄奘法師的思想最深。當初，他們四人曾一起與玄奘法師翻譯《成唯識論》，後由窺基一人擔綱重任。

四位玄奘法師的高徒當中，又屬窺基法師被認為是玄奘法師思想的繼承者，故以下特別進一步講述窺基法師的事蹟。透過窺基法師的故事，或能從另外一個視角了解玄奘法師以及他與弟子之間互動的情誼。

奇特因緣識窺基

根據野史傳說，窺基法師與玄奘法師有一段非常特殊的因緣。相傳，在玄奘法師前往天竺取經的路上，途經一座罕無人煙的雪山。走著走著，忽然一處積雪崩塌，底下露出一個山洞。玄奘法師往洞裡一看，發現裡面坐著一位入定的僧人；由於雪崩與玄奘法師的腳步聲，喚醒了入定的僧人。

原來，這位僧人是迦葉佛時末法時代的僧人，在此山中入定等待釋迦摩尼佛成道以聽聞學習正法，沒想到錯過了釋迦牟尼佛住世的時間。

正當僧人準備再入定等待下一位教主彌勒菩薩降生，玄奘法師向他建議，彌勒菩薩成佛及傳法時，如果沒人喚醒他，說不定又錯過了，不如投生到長安的皇宮裡，等玄奘取經回去的時候，便可以向他傳法。僧人一聽有道理，便往生到大唐去了。因緣就這麼結下。

玄奘法師西行取經回國之後，已經過了十七年，這位僧人，也恰好長成了青年。玄奘法師沒有忘記這個約定，在皇宮中尋找年齡符合的年輕人，卻遍尋不著；最後，在尉遲敬宗將軍府中找到這位少年——尉遲洪道，乃唐朝開國元勳尉遲恭（敬德）之姪。兩人對視瞬間，玄奘法師便認出了他來。尉遲洪道便是後來的窺基大師。

我們已經無法得知這個傳說的真實性；但是，從這樣的故事傳達出一個概念：窺基與玄奘法師之間，或許確實有某些特別神合之處，世人才會有這樣的故事流傳。

三車和尚

不過，尉遲洪道要成為窺基大師之前，似乎還有一些因緣需要玄奘法師來度化。

聽說窺基法師的出生也頗具神奇色彩。據宋代釋贊寧所著《宋高僧傳》記載，他的母親某夜夢見吞了月亮，隔天便發現懷有身孕。自他出生以來，的確是少年聰慧、目若朗星、文武雙全，異於一般小兒。但可能是聰敏有主見的關係，性格也頗為倔強，不輕易屈服。

不知道是年輕氣盛還是隔陰之迷，尉遲洪道完全忘記上一世想要聞法修道的心願。當玄奘法師找到將軍府要他出家之時，他悍然地拒絕了，並不想當一個吃齋念佛的僧人。玄奘法師也只是微笑地不勉強他，另想其他的辦法。

玄奘法師心念一動，跑去找唐太宗，跟他說譯經事業需要尉遲洪道的才幹，希望皇上下旨讓尉遲洪道剃度。

聖旨傳到將軍府上，尉遲洪道不得不接受，但卻提出了三個要求：「要我出家可以，但我出家之後不戒酒肉、不過午不食以及不斷情欲女色。」玄奘法師知道很多事情需要因緣，急不得，於是便權宜地答應了這三個頗為驚世駭俗的條件。本來尉遲洪道是故意刁難玄奘法師，沒想到，玄奘法師氣度和見識都不凡，並沒有被他難倒。

從這件事，也能看出玄奘法師的彈性、寬宏與智慧，以及頂得住世俗流言與眼光的承擔，因為法師完全重視內涵而不是外在的成規。

就這樣，貞觀二十二年，十七歲的尉遲洪道拖著三輛車，第一車是經典書籍，第二車他自己乘坐，第三車則是滿載美食酒饌與家僕女伎，浩浩蕩蕩出家去了。出家之後，法號窺基。

因為他出入常常就是這樣三個車乘，因此，被人稱為「三車和尚」。《宋高僧傳》卻也表示，窺基自序「九歲喪親後，逐漸疏遠浮塵流俗」，認為「三車」之傳說是對窺基的厚誣、謠傳。

慈恩大師

由於窺基法師少年聰慧，廣讀百家，進入佛門之後，也願意辛勤學習，加之悟性甚高，進步相當神速。二十五歲時，奉召進入譯經團體。譯到《成唯識論》時，由窺基與神昉、嘉尚和普光四人一同將諸多論師對《唯識三十論頌》之註釋翻譯然後陳列在一起。

過幾日後，窺基忽然表示他不想再參與這樣的譯經工作。玄奘法師問他緣由，窺基說道，他認為這樣只是陳列各論師的注釋，世人反而不易選擇與理解，似乎失去了著書的意義；不如請玄奘法師將眾論師的看法融合後，專門寫一本。

玄奘法師同意了他的看法，便讓窺基擔任此重責；之後，便由玄奘法師和窺基兩人一起完成《成唯識論》。也因此，玄奘法師傳授與討論義理給窺基最多也最深，窺基法師的許多見解也受到玄奘法師讚賞，常說窺基法師日後「當為我門獅子」，意思是能廣宣法義如獅子吼。窺基遂成為玄奘法師思想的重要傳承弟子。

某日，窺基法師遊覽五台山與太行山，一樣是三輛車隨行。忽然在路上遇見一位老人，老人詢問車上是些什麼東西，窺基據實以報。老人詫異地說道：「知法甚精，攜家屬偕，恐不稱教！」意思大概是說，你雖然學習佛法頗為精湛，行為上卻仍然依戀著家眷與世俗之物，豈不是言行與所學並不相匹配！言下之意，似乎意指所學並沒有真正實踐，這樣真是在學佛嗎？短短的三句話，卻拋出了靈魂拷問：所學習的佛法是否落實於踐履當中？無論在哪個時代，這個問題都是學佛者需要經常自我檢視的提問。

窺基法師聽到這樣的話，不禁慚愧得汗流浹背；隨後，便漸漸地更深層地沉浸在佛法當中，自然而然地捨離了世俗的美食與僕役女伎。這正是玄奘法師當初等待的因緣成熟。事情真的急不得也強迫不來，萬事需要機緣和因緣，也需要玄奘法師這樣了然的包容與耐心提攜。

據說，後來才知道，原來老人是文殊菩薩的化現，因時機成熟而來點化窺基法師。

玄奘法師圓寂之後，窺基法師常游於五台山。後來，高宗下詔讓窺基法師回來接任大慈恩寺的方丈；因此，窺基法師也被稱為「慈恩大師」。後世之人常誤以為此稱號是在稱呼玄奘法師，其實是窺基大師。

百部疏主

由於窺基法師與玄奘法師最有緣分與機會經常親近調教，在著完《成唯識論》之後，窺基法師便以注疏經典為目標，意欲將玄奘法師對每部經典的講解都整理成註疏，以傳承師教、報答師恩，也幫助後人更容易理解經典的義理。

因此，窺基法師一生所著的述記、贊疏、疏鈔甚多。其中，「述記」指將對方所說記錄下來的文體，「贊」是一種用於頌揚人物的文體，「疏」是對文句的註解，「鈔」則是文學作品等經過選錄而成的選集書體。

當中，有一本《觀彌勒菩薩上生兜率天經贊》著作的因緣更是特殊。根據《宋高僧傳》的記載——

窺基法師某次游五台山、登太行山時，在一間古佛寺中過夜，忽然夢見自己在一座高山山腳下，周遭有無數眾生叫喚困苦的聲音。剛開始，窺基法師不忍聽聞，慢慢地往山上走。

山峰都是琉璃色，山頂有一座大城，大城裡傳出聲音對窺基法師說：「止步！你還不能到這裡來。」接著，兩位天界童子開門出來問窺基法師：「你可見到了山下許多的罪苦眾生？」窺基法師答道：「我能聽見聲音，但看不見他們的樣子。」童子丟了一把劍給窺基法師，說道：「你自剖開腹部，便能看見。」

窺基法師遂將腹部剖開，忽然從腹中射出兩道光；透過光的照射，窺基法師看見了那些哀嚎的眾生。這時，童子又進入城內捧出兩卷紙和筆給窺基法師，然後童子便進入城門內離去了。

窺基法師醒來，驚異不已。當天稍晚，經過前晚過夜的古寺時，看見寺裡有光亮透出來，良久都沒有消失；窺基法師於是前去查看，發現有數軸書卷正在發光，一看竟然是《彌勒上生經》。窺基法師再想到之前做的夢，心想必定是要他做注疏，將肚子裡有的法都寫下來（夢中剖開腹部），利益還在生死輪迴中求出無門的眾生（夢中山下的罪苦眾生）。於是，他便寫下了《觀彌勒菩薩上生兜率天經贊》。

據說，窺基法師要提筆開始書寫的時候，從毛筆尖落下二十七顆如桃子一般大的紅色舍利，非常好看，又接著掉下如粟米大的舍利無數，著實神奇異常。因為窺基法師一生所著的注疏甚多，因此又被稱為「百部疏主」或「百部論師」。

想來，窺基法師是傳承了玄奘法師勤奮不懈的精神；有師父的榜樣在前，弟子也就被激勵而感佩效法之。由此可見，玄奘法師如何用他的慈愛、智慧、寬容與辛勤提攜滋養弟子。

窺基法師活了五十一歲，在大慈恩寺的翻經院圓寂。圓寂之後，世人在安葬玄奘法師的「唐三藏大遍覺塔」旁另立了一座塔來紀念窺基法師。

玄奘法師帶回了大量經典，並翻譯成漢譯佛經，可說是一位開拓的先鋒者；窺基法師則可說是集大成者，將玄奘法師辛苦帶回的珍貴之法廣宣流布。師徒二人互為光亮，為中國後續的佛教世界留下輝煌璀璨的開展與傳承。

貳・玄奘大師所重的唯識學

帝深愛焉，遣使向京取《瑜伽論》。《論》至，帝自詳覽，覩其詞義宏遠，非從來所聞，嘆謂侍臣曰：「朕觀佛經譬猶瞻天望海，莫測高深。……其儒道九流比之，猶汀瀅之池方溟渤耳。

玄奘法師雖然博覽群經，但特別重視唯識學的教導；因此，從弟子窺基後續流傳下來的教法，就逐漸被歸類為「法相宗」，又名「唯識宗」，被列在漢傳佛教十大宗之一。

玄奘法師如此重視唯識學的教導，一定有它的重要之處，這一章便專門對唯識學做一簡要的介紹。

唯識之要義及其於佛法修行中的位置

在前面的章節中已經陸續說明，區分「佛陀的教法」與「世間流傳的佛教」之重要與必要；前者是法，後者更接近於教法在人間流布演變的歷史。

佛法是一整套完整引導眾生解脫與覺悟的教法。解脫與覺悟是一項極其深奧與複雜的過程，包含了各種智慧的開發與不同層級修煉的實踐。眾生要解脫或者覺悟，一定涉及多面向以及多層次的搭配輔助；故而，在看待任何一項教法的時候，宜應從修行、解脫與覺悟的全幅視角來理解其功能、意義，而非片段地將不同的教法獨立出來看待。如果以零星、破碎的片段方式看待任何一項教法，不但容易失去整條修行道路的理解與方向，也容易因此落入不必要的門派之爭。

如若以上的說明過於抽象，舉個譬喻或許更好理解（「今當說譬，夫智者以譬得解。」）。以世間的專業運動為例——

譬如，要成為跳水選手，其訓練不可能只練習跳水的動作。要能夠行雲流水地完成這一套跳水的姿勢、過程以及水花消失，涉及到最基本的肌力訓練；肌力訓練又分不同肌群，包括核心肌群、腿部的彈跳肌群、用以平衡的細微小肌群等。除了肌力訓練，肢體協調、生活中的飲食控制、作息方式，面對跳臺高度與比賽壓力時的心理調適能力等，也都會影響一位專業跳水運動員的表現與訓練。故而，日復一日的全方位訓練及調整，才能造就出一位專業、出色的跳水奧運冠軍。

世間的訓練已是如此，更不用說是要超脫世間的解脫與覺悟，需要注意、調整與洞察的面向自然更深、更廣。每個人基於自身目前的不同條件，相應的法門會有差異，故而佛法廣開八萬四千法門來方便接引眾生；然而，那只是引進來的「門」有所不同，引進之後莫不都需要經過戒、定、慧基本的過程。先有這樣的基本概念，再來認識唯識學的教導，相信會更加清楚地知道何以要帶出唯識的教學，以及它在整條修行道路上所扮演的角色與功能。

唯識學所要強調的是什麼呢？「唯」，意思是「只不過是」。識（vijñāna），vi- 接頭音節是「分開」的意思，jñāna 來自字根 jñā，意思是「認知」；然而，由於有一個 vi- 的接頭音節，就變成「分別式的認知」。所以，「識」指的是停留在由外境外表表現的五花八門，而也將世界認知、解讀為五花八門。這是眾生的情形。

「唯識」，字面上的意思是「只不過是分別認知的投射」；重點在於點出「只不過是」，也就是提示眾生，我們對於世間的感知、認知，莫不只是由我們的意識在分別認識。由於這樣的分別認識，後續產生一連串的情緒、解讀，然後繼而又產生出各種反應，遂衍生出世間沒完沒了的事情，乃至紛爭與糾結。眾生的煩惱痛苦便是從此衍生而來的，乃至對於下輩子的追逐也是由於如此的習氣慣性，因此羈絆出一輩子又一輩子的生命，也就是輪迴。

解脫，就是不再追逐下一刻、下一次、下一輩子；當我們的心可以真正地打從心底止息對世間各種的追逐（貪愛、瞋恨、不平衡等皆會造成追逐），便不再抓取而牽絆出未來；這樣的心境、智慧與定力，便能達到佛教說的解脫。既解脫於內心的煩惱痛苦，亦解脫於外表生命形態的呈現——也就是出生。止息了出生自然沒有後續的老病死，因此稱為解脫於生死輪迴。

就此而論，唯識的「只不過是分別認知的投射」所要提點的：其一，覺察自心的解讀與反應，乃至徹底通透地了解自心，是解脫的關鍵要點。其二，問題是出於心意識的運作而非外在世界；如果以為是外境讓我痛苦與快樂，而去追逐外境或嘗試用解決外境的方式來處理自身的痛苦或者獲得快樂，則只是捨本逐末，無法根源地解決困苦或者根本地感受到輕鬆快樂。

眾生跟世界接觸的媒介，就是我們的心意識——透過五個感官通道加上意根來認知這個世界，形成我們主觀的世界；所以，嚴格來說，我們活在我們對世界的認知、解讀與投射之中，也就是佛法所說的十八界（六根〔眼、耳、鼻、舌、身、意〕、六塵〔色、身、香、味、觸、法〕、六識〔眼、耳、鼻、舌、身、意〕）。基於這些認知材料，產生後續的情緒反應、行為反應。

唯識的教學等於是釜底抽薪，在一開始就教導眾生認清，痛苦的起源其實是來自於自身對世間扭曲的、顛倒的認知。如果可以從正確地認知入手，或者從觀察自身對世界生起什麼樣的認知、解讀，便可設法在煩惱痛苦的源頭止息。從所謂的根源下手，而不是去處理後續衍生出來的無邊無盡情緒、乃至世間的紛爭；後者如同秋天落葉一般，掃了之後還是很快又掉滿地。

「唯識」提點出「只不過是分別認知的投射」，這只是提點修行者應該注意的重點，卻不是教法的全部，後續更重要的是「轉識成智」。

唯識宗將眾生的心理結構大致分為「八識」：前六識即為「眼、耳、鼻、舌、身意」；第七識為末那識（manas-vijñāna）末那（manas），意為「思量」，又被稱為「汙染意」，乃我執的根本，即執第八識「阿賴耶識」（ālaya-vijñāna）為我。阿賴耶（ālaya）有「執著、攝受」之意；阿賴耶識又被稱為「種子識」、「藏識」、「異熟識」——因含藏一切善惡種子，遇增上緣而成熟。

所謂的「智慧」，是對因緣的來龍去脈如實地觀照與理解。當我們對心態生起的背後因緣能夠有透徹的觀照，我們便不再是卡在片段、區隔與對立的分別識，而是翻轉進智慧的觀照。

首先，了解到我們的痛苦源於自身對世界顛倒錯謬的認知，就可在第一步的地方停下來，直接注意、覺察自己的心態內容，不讓自己被心態內容帶著跑。這樣說較為抽象，舉一個實際的例子也許更好理解——

例如，坐巴士的時候，前排的人把他的椅背放躺到很低，讓我的座位空間變得很仄迫，我立刻感覺到憤怒；這分憤怒情緒的產生，已經是認知之後好幾步的延續。被心態內容帶著跑的意思是說，自己立刻就被這番解讀（來不及覺察）及其衍生的憤怒佔據，於是可能產生各種行動——也許是跟前排的人吵架甚至打架；也可能因為不敢說；所以臭著臉、壞了一天的情緒，也讓身體累積了怒氣；也可能在手機上傳訊息跟朋友抱怨，一起在心裡罵他、怨他；或者偷拍照放上網公審……這些反應的行為當然又會引發後續的一些連動效應，世間的事情才會如此綿綿不絕。

這是追逐心態內容、被心態內容帶著跑後的情形，置身充滿愁嘆苦憂惱的世界，並且在這當中追求正義、公平；然而，到後來卻發現無路可走，總是衝突與挫折……

如果，我們可以暫停在憤怒的感覺，先了解憤怒底下是什麼樣的解讀與念頭，我們便有機會透過憤怒的感覺，順藤摸瓜地探索底下心識的內容與因緣。

也許，底下的解讀是：「我的空間被侵佔了」、「她居然把自己的快樂建築在別人的痛苦上」；所以，其實是一種「被欺負」、「被欺壓」的委屈感，憤怒便是來自於被欺壓的解讀。

如果觀照力再深，或許還有機會看見這種「被欺壓」的感受是源自於什麼樣的因緣——也許是過去世身為底層人被強權欺壓的痛苦；所以，眼前的憤怒其實並非源於眼前的事，更多是過去阿賴耶識中的庫存在變現與疊加，眼前的事件充其量只是一個觸發點。這也就是為什麼不同人面對同樣的事件時，感受與反應會如此地不同；但是，解讀與感受卻是當事者最真實的世界。

所以，實則所有人都活在各自心意識的投射當中，並在彼此的投射中碰撞、衝突。

如果觀照力和定力可以繼續深入，也許還能夠看到過去身為底層人被強權欺壓的這種糾結，其實已經循環甚久——此世他得勢來欺壓我，他世我得勢反過去欺壓他，已經不知誰才是受害者、誰是加害者。為何有此循環？也是因為自身陷在「不平衡」、「受害者」的解讀當中，然後想要用欺負對方的方式把這個「不平衡」的感覺平衡回來，這也是一種被心態內容帶著跑的反應。

當我們從這條線索進入，然後能夠觀照到背後的這一大串因緣，以及看到事情更全面的樣貌，我們應有深刻的體會：其實，事情遠比我解讀的「我被欺負」更加複雜得多；並且，也能如實地看見，若被心態內容帶著跑，除了徒增累劫累世的痛苦循環，實際上並無法平息掉心裡的不平衡與痛苦。此時，我們便會自然而然地停止下來，放棄這樣的循環追逐。

停止了二元對立的追逐或者本能反應，不再對當下的心態內容起反應（被帶跑），會讓我們有機會進入到智慧的境界。於是，便從分別式的、分段式的、二元對立式的認知解讀方式，翻轉成智慧的境界。這是唯識學最終要引導眾生達至的境界，也就是所謂的「轉識成智」。

若透過諸般修為而得以轉八識為智，則前五識轉為「成所作智」、意識轉為「妙觀察智」、第七識轉為「平等性智」、第八識轉為「大圓鏡智」。

回歸到剛才的例子。當我們不夾帶這些長遠積累經驗之投射，可以單純回歸到事件本身，其實可以是相當單純的。我還是可以跟前排的人做一些溝通，請他調整一下座椅，但不會夾帶著眾多被欺負、委屈、悲憤等複雜情緒，也不是帶著要討回公道的心。事情會變得相對單純，心情也會變得輕鬆；即使對方不答應調整，所感受到的痛苦也只是暫時的、單純的空間仄迫，而不是「被欺壓」這種累積已久的巨大悲憤、不平。

以上，只是用一個例子嘗試說明；對於心識的觀察，自然遠遠不止於如此而已。佛法所教導的心識大海之深奧、以及可以開發的智慧之豐富，相信也不是筆者或者這裡的隻字片語可以概括的，此處僅是就筆者所能理解之部分的些許說明。

由於眾生的心態千千萬萬、瞬息萬變，大部分唯識學的論典或書籍，會嘗試整理歸納這些心識內容，不失為一個認識的方法；畢竟，心態內容如此之多，如能有系統的整理歸納，是一個輔助的理解。不過，心態的內容既然是極其複雜的，而且變化也一刻不停，最終離不開如實地面對與覺察自心，觀察自己起了什麼樣的感受、有了什麼樣的解讀、底下又是什麼樣的因緣。搭配實際上的觀察，再輔以論典中的整理，才不會落入抽象的文字概念之中而只是緣木求魚。

總之，萬變不離其宗，只要能夠掌握、理解唯識所提點的精神，我們便可以在這看似五花八門、千頭萬緒的心識起伏流轉中有前進的南針與依據。

如此，也可以理解到，唯識學並不是在主張唯心論，或者取消外境、認為外境一切都是幻覺、虛假。關於何謂「虛假」，是另外一個議題，需要更多篇幅來討論；此處所謂的「虛假」，是指一般世人所認定的虛假，也就是摸不著、如投影或海市蜃樓般的那種虛假，唯識並非是這樣主張世界。

當然，經典當中會說世間「如幻似化」，它的意思是說，世間事物由眾多因緣和合而成，不具有固定不變的本質；因此，從長遠、動態的視角來看，就如水泡般生滅，所以如幻似化。但並非稱事物摸不著，或者稱世界皆為大腦幻覺的那種如幻似化；這種主張，對於修行的進展也不知有何助益。

唯識關於觀察、覺察心識各種活動的教學，其實在許多經典當中都或多或少會提及，並非特定經典的專利。因為，畢竟心識活動的覺察是佛教修行中的重點；或者說，是朝向解脫與覺悟的必要條件。它是法理上的必然，而不只是某一門派的主張或規定；就像鍛鍊出一定的肌力、肌耐力是成為運動員必備的，它不是一個規定，而是一項組成。

然而，由於心意識的觀察甚為深奧難解，相同的法，面對不同的受眾，提及的深淺程度會不一樣，故而有些經典（對於法會的紀錄）教得少或淺，有些經典則專門講給高階菩薩，因此在心意識方面講得特別深入，如《解深密經》、《入楞伽經》、《大乘密嚴經》等。

要能夠深入覺察細微的心意識運作與變化，定力與觀照力是必要的條件；越深入越細微的覺察，就需要越深厚的定力與觀照力。而定力與觀照力的深化，除了經常地禪修積累，戒行的護持也會成為越來越重要的協助。

戒行不僅是為了道德要求，更是因為做了十不善業也會在我們的意業留下紀錄；當禪修越來越深入的時候，這些帶有傷害的、不平的、傾斜的心態痕跡，也會益發強烈地干擾。因此，戒行其實更是護持自己的保護措施。

然而，持戒也不是一種暴力的自我壓抑或勉強，不是用來在「犯戒」之後的譴責或自我批判，如此豈不是又衍生了更多痛苦煩惱與內心衝突？

戒條的內容依舊是一項指引，重點是如何持戒的施行方法。對於一般沒有困難持戒的戒條，當然就依照著戒條、沒有勉強與衝突地去守護即可；對於那些特別難守的戒條，或是有時候突然冒出的貪心、瞋心，此時則可運用唯識的教導，了解到所有的心態現起背後都是有因有緣。

於是，這些突然冒出的煩惱心態，正是可以讓我們繼續順藤摸瓜的線索，可以順著覺察看看底下隱藏著什麼樣的信念與解讀；如此，便有機會透過理解、穿透、消融這個痛苦障礙，甚至由此洞察而翻轉成通透的智慧。能夠看清這些心態的來龍去脈等因緣，相關的貪心、瞋心等煩惱自然就會止息；如此一來，戒條也無需刻意去「守」，便能自然而然地不會觸犯。

如果把戒條當成如天條般遵守，以恐懼之心持之，除了增添恐懼的煩惱，在犯戒之後又添加了自責、愧疚、驚懼的痛苦；如此，不但增添煩惱，也錯失了透過生起之煩惱心、深入認識其背後因緣的機會，自然也就失去翻轉為智慧的機會。

以上，即把唯識的教學與解脫和覺悟貫通在一起，也與戒、定、慧的修學有機地貫串在一起，期能讓讀者對於唯識的教學乃至佛法的教學，能有更整全、靈活的認識。

玄奘大師攜回之教導心意識的典籍

以學習心意識為主、實踐禪定觀行為重的修行者，早期名為「瑜伽行學派」（Yogācāra），無著論師與世親論師時正式建立唯識學派，玄奘法師也特別尊崇與師法這個學派，帶回漢地後被名為「法相宗」。

雖說許多經典都有提及心意識的教學，但專門深入教導的經典主要是《解深密經》（Saṃdhi-nirmocana-sūtra）和《入楞伽經》（Laṅkāvatāra-sūtra），論典則有《瑜伽師地論》、《成唯識論》、《攝大乘論》、《唯識三十論頌》、《唯識二十論頌》等。

由於本書是以圍繞玄奘法師為主所進行的介紹，故而在本章所挑選的經論，以玄奘大師攜回翻譯的經論為主；《入楞伽經》雖同為教導心意識的重要經典，但因不是玄奘法師所帶回翻譯的，故在此章不列入介紹，有興趣的讀者可以自行研讀。

以下便針對相關經論進行概略介紹。

《解深密經》

《解深密經》的梵文名稱為Saṃdhi-nirmocana-sūtra。saṃdhi 意思是「連結、連接處、關鍵處」，nirmocana 意思是「解開打結」（untying〔the knot〕）；兩個字連在一起看，便能看出這部經典的要旨：將關鍵處連接的部分解開。所謂的「關鍵處、關節處」，在這部經典中指的是心意識的運作及其智慧。

玄奘法師將經名漢譯為「解深密」，著實精準地傳達其意涵：解開深奧的密藏。整體而言，此經典是針對心意識之祕密在菩提道修行的脈絡上進行的開演，從而開顯出世界之深奧與修行之深奧，即所謂的「勝義諦」。

目前完整的漢譯本有兩種，其一是北魏菩提留支於西元五三三年翻譯的《深密解脫經》，現收錄於大正藏第六七五號，另一本便是玄奘法師所譯的《解深密經》，收錄於大正藏第六七六號。

玄奘法師所譯的《解深密經》共分為八品，分別為：序品、勝義諦相品、心意識相品、一切法相品、無自性相品、分別瑜伽品、地波羅蜜多品和如來成所作事品。

第一〈序品〉：帶出法會開始的祥瑞，以及與會的大眾。

第二〈勝義諦相品〉：開示勝義諦的智慧甚深難解，語言文字只是輔助，須從語言文字洞察進要義的體悟。

第三〈心意識相品〉：透過廣慧菩薩的提問，帶出心意識所有樣式的祕密，以及達到什麼程度才算是熟稔通透心意識之奧祕，包括阿賴耶識以及前六識如何在生命中轉起與作用。然而，真正的熟稔心意識，並非對於這些心意識的「項目」與「內容」瞭如指掌，更需要翻上一個層次，由因緣之打通而「不見」所施設的心意識項目，才達到真正的通達勝義諦層次。

第四〈一切法相品〉：透過德本菩薩的提問，教導諸法相之真實義。帶出三個為一組的諸法之特徵——

「諸法遍計所執相」（parikalpita-lakṣaṇa），開示諸法之特徵為「分別」，由施設之名稱與捕捉之特徵暫時給予其分別的認知；

「諸法依他起相」（para-tantra-lakṣaṇa），開示諸法之特徵為依於其他項目，依於因緣而生，了無不變的自性；

「諸法圓成實相」（pariniṣpanna-lakṣaṇa），開示諸法之特徵為周遍實現；

切到真如的層次，如能通達一切法之遍計所執相及依他起相，則一切法皆能帶領至通達，即所謂圓成實。

第五〈無自性相品〉：由勝義生菩薩提問「如來開示諸法無自性的用意」帶出法會內容。

本品梵文的名稱為 paramârtha-nītârtha-nirdeśa，直譯是「勝義、了義之教」，蔡耀明教授解釋為「就極致的意義解說在教導上徹底的條理」。在此品中，世尊依照三種無自性的意義來說明一切法的無自性性，分別為：相無自性性、生無自性性、勝義無自性性——

「相無自性性」（lakṣaṇa-niḥsvabhāvatā）意思是「諸法之特徵是無自性之情形」；

「生無自性性」（utpatti-niḥsvabhāvatā），意思是「諸法之生起是無自性之情形」；

「勝義無自性性」（paramârtha-niḥsvabhāvatā）「諸法其極致的意義（勝義）是無自性之情形性」。

所謂「無自性」，指的是不具備根本不變的核心特徵、核心本質；並將此三種無自性的特徵，與前一品的三種相予以關聯的教學。

第六〈分別瑜伽品〉：此品梵文名稱 yoga-nītârtha-nirdeśa 的直譯是「瑜伽了義之教」，非常詳細地教導菩薩於大乘中修奢摩他（samatha，即「止」）和毗鉢舍那（vipaśyanā，即「觀」）各方面的心行細節與徹底的條理。

第七〈地波羅蜜多品〉：此品梵文名稱 bhūmi-pāramitā-nītârtha-nirdeśa 的直譯是「諸地（之）波羅蜜多（的）了義之教」，教導菩薩十地需要注意與調伏的煩惱，以及相應的障礙事。

第八〈如來成所作事品〉：此品梵文名稱 tathāgata-kṛtyânuṣṭhāna-nītârtha-nirdeśa 的直譯是「如來成所作事的了義之教」，教導如來所能成就施行之事，以及背後的相關修持。

以上每一品的內容都很深奧，皆在深奧的勝義諦層次，甚至第八品已經講到了如來的境地，主要是給高階菩薩修行的提點，能在非常細膩深刻之心行與智慧更上一層。

《瑜伽師地論》

《瑜伽師地論》的梵文名稱為 Yogācārabhūmi-śāstra。yogā 來自字根 yuj，字根具象的意思是「牛軛」，抽象的意思是「連結」，yogā 就是「相應、連結」的意思。cāra 來自字根 cār，字根意思是「行走」、「輪子」，cāra 則意為「運行」。bhūmi 意思是「地」，境地、階層的意思。śāstra 來自於動詞字根 sās，意為「教戒」，śāstra 則是「老師」或「論」之意。所有字合起來看，意思是「（心）

相應連結所運行之地的教學」。

《瑜伽師地論》簡稱為《瑜伽論》，又名《十七地論》。之所以名為《十七地論》，源於它一開頭即開宗明義說：「云何瑜伽師地？謂十七地。」此論將瑜伽地整理成十七地，並以此十七地的教學貫穿整本論典，因此被稱為《十七地論》。

這部論典是玄奘法師非常重視且渴望學習的論典，甚至可以說是促成玄奘法師西行求法的重要動力；玄奘法師毅然決然地踏上西行之路，其中一個目的就是希望能學習並帶回這部論典。

《瑜伽師地論》相傳是無著（Asaṅga）論師（西元四世紀）藉由入禪定，到欲界天第四天的兜率天彌勒菩薩處所聽聞的教學，出定後遂記錄下這本論典。也有一說是無著論師所造，或者後人陸續編撰而成。

內容分為五分，分別為：本地分、攝決擇分、攝釋分、攝異門分和攝事分。

在第一分「本地分」中羅列出所整理的十七地，詳細介紹十七地之內容；後面四分，則圍繞第一分的內容做更多的說明與解釋。

十七地分別為：一、五識身相應地；二、意地論；三、有尋有伺地；四、無尋唯伺地；五、無尋無伺地；六、三摩泗多（saṃhitā）地；七、非三摩泗多地；八、有心地；九、無心地；十、聞所成地；十一、思所成慧地；十二、修所成慧地；十三、聲聞地；十四、獨覺地；十五、菩薩地；十六有餘依地；十七、無餘依地。

《瑜伽師地論》中，巨細靡遺地整理這十七地相關的教學，包括該地的內涵、心相、障礙、需要注意的地方和禪修要點。由於如此有系統的整理，遂成為禪修者重視的論典。

《攝大乘論》

《攝大乘論》，在漢地簡稱《攝論》，梵文名為 Mahāyāna-samgraha。mahā 是「大」、「巨」的意思；yāna 有「行走」、「帶領（道路）」、「交通工具」、「車乘」等意思。mahāyāna 就是「大乘」之意，字面的意思是「廣大的交通工具、車乘」。蔡耀明教授解釋「大乘」之深意為：「大乘之『大』，容納一切的眾生，且施用在一切的眾生」；「大乘之『乘』，將修行的道路，提供給一切的眾生」。

Samgraha 由字根 grah（抓取、把握）加上接頭音節 sam-（總括）所形成，意思是「總攝地把握」，也就是「領會」、「要點提領」。就此而論，「攝大乘論」字面的意思是說：對於大乘所要教導的要點總攝地領會、提點。

《攝大乘論》此論典亦由印度無著論師所造，是對《阿毗達磨大乘經．攝大乘品》的詮說；然而，《阿毗達磨大乘經》經本之梵本、藏譯本和漢譯本目前皆已不存在，《攝大乘論》的梵文本也已經失佚，只剩下漢譯本。目前《攝大乘論》漢譯本有三個版本，分別是一、北魏・佛陀扇多（Buddhaśānta）所譯，二、南朝陳・真諦（Paramārtha）所譯，以及三、玄奘法師所譯。後世研究，多以玄奘法師所譯本為主。

玄奘法師所譯的《攝大乘論》分為十一分，第一分為「總標綱要分」，帶出本論的綱要，總攝大乘的十種殊勝：所知依殊勝、所知相殊勝、入所知相殊勝、彼入因果殊勝、彼因果修差別殊勝、增上戒殊勝、增上心殊勝、增上慧殊勝、彼果斷殊勝、彼果智殊勝。

這些大乘的殊勝又是由十處所顯示，即：阿賴耶識、三種自性（依他起自性、遍計所執自性、圓成實自性）、唯識性、六波羅蜜多、菩薩十地、菩薩律儀、首楞伽摩虛空藏等諸三摩地、無分別智、無住涅槃和三種佛身（自性身、受用身、變化身），並強調此十處的次第不可錯亂。

後續的十分，則引用《阿毗達磨大乘經．攝大乘品》、《解深密經》等經的內容，分別針對十種殊勝以及其相對的十處顯示處進行闡述與說明。《攝大乘論》將大乘中重要的觀念，如阿賴耶識、波羅蜜多、增上戒定慧學等，都做了論述與探討，且在心意識方面亦有相當篇幅予以闡明。對於要以此方式對大乘有一全面認識的修行者來說，不失為一部可參考之論典。

至於此論是否奠定了什麼樣的地位，筆者認為，這並非經論所考量的目的；法的目的是要帶領眾生超脫生命的困苦，而非在世間建立更多事業。

《唯識二十論頌》和《唯識三十論頌》

《唯識二十論頌》（Viṃśatikā-vijñapti-mātratā-siddhi）和《唯識三十論頌》

（Trimśikā-vijñapti-kārikā）皆由印度的世親（Vasubandhu）論師（約西元四世紀時）所創作，由玄奘法師帶回後翻譯。世親論師為無著論師之弟，兩兄弟皆在唯識學的領域多有研究與貢獻。

兩篇論頌在形式上皆以偈頌為主，以散文為輔。顧名思義，《唯識三十論頌》中做有三十首偈頌，而《唯識二十論頌》中則是二十首。《唯識二十論頌》中，論述的文字相對較長較多，《唯識三十論頌》則幾乎以偈頌為主體。

在內容上，《唯識二十論頌》主要在回應其他教派的論點，目的在破斥外道的錯謬見解，以闡明唯識之理，亦解釋唯識學中許多較難為一般人所理解的困難問題。《唯識三十論頌》則是在破斥之後對唯識要義的建立，立重於破，對於心意識的運作、運轉有精細的闡述。

由於在形式上為偈頌體，玄奘法師為了要忠實地還原梵文偈頌體式，翻譯時亦用了中文五言偈頌的方式呈現。相信玄奘法師在翻譯時必下了極為驚人的功夫，方能以五言偈頌的方式翻譯；然而，限囿於五言偈頌體在字數上的極嚴苛限制，在翻譯上不得不有所壓縮，也因此增加了後人在理解時的艱難程度。如能搭配梵文原本參照理解，會更有幫助。《唯識三十論頌》的要義部分，可參考蔡耀明教授在《世界文明原典選讀V：佛教文明經典》中的說明：

《唯識三十論頌》，藉由三十個偈頌的篇幅，以生命世界之「能轉變」與「所轉變」的流程或道路為探究的角度，從「識之轉變」出發，正視世界已經充斥著分別之添加，標舉二大要旨，一為「所有的法目只不過是識別呈現的表象」（或一切法唯識別表象），另一為「所有的法目之欠缺本身的存在」（或一切法無自性），而順著如此的程序與條理，在實修上，實現為「智慧」、「真如」、「轉依」、「解脫」。

更多偈頌的詳細解說，請參考《世界文明原典選讀V：佛教文明經典》。

《成唯識論》

《成唯識論》是一部唯識學的集大成之著作。《成唯識論》原本主要是蒐集歷來祖師大德對《唯識三十論頌》的體會及註疏；諸多祖師大德的見解有時不見得一致，甚至會有互相不同意而相互指正批評之處。

當初玄奘法師要翻譯此論的時候，其大弟子窺基認為，如果就此陳列諸多論師的意見，將會讓後世讀者無所適從；不如由玄奘法師重新將這些見解揉合後編撰，方是利益大眾的方法。玄奘法師幾經思量後同意這樣的做法，遂與弟子窺基完成這部漢譯《成唯識論》的編譯。

玄奘法師所編譯的《成唯識論》，內容主要採取印度護法論師（Dharmapāla）的觀點。護法論師為印度六世紀時的瑜伽行學派重要論師，也曾出任那爛陀寺的住持；玄奘大師所師學的印度戒賢法師，正是護法論師的弟子之一。

《成唯識論》以《唯識三十論頌》的三十個偈頌為核心，針對這三十個偈頌的要義進行詳細的討論與說明。

以上即對於唯識宗與其重要經論作一簡單說明。除了唯識學之外，佛法中還有中觀乃至中華本土所產生的天台、華嚴等宗派。修習佛法者，該如何看待這些宗派之差別乃至於爭論？

由於沒有審慎分辨佛法與歷史之間的差異之觀念，常見研究者以歷史演變的方式來理解佛法，將佛法以為是社會、歷史、文化演變的結果；仔細思量，便會發現這樣的觀點實有其根本矛盾之處。

佛法既然是要引導眾生生命超脫之法，須是全然超越生活層次的洞察與智慧，需要極為深厚的修煉與提升，也就是垂直方向的開發——向下深入極細微的心識因緣、向上廣開生命的出路，方能開發超脫世間的洞察智慧。如此，自不可能是由歷史、文化等人類層次在時間上的橫向發展而成。

例如，要洞悉鹽的化學式為氯化鈉，需要化學實驗器材，需要顯微鏡以及抽象的科學原理等輔助，方能洞悉其中分子結構；這並非用口舌去嘗便可以嘗出來，即便嘗了五百年、一千年也無法做到，因為方向不對。超脫生死輪迴的出世間法，更是如此。

在歷史演變的觀點下，少了修行道路的觀念，對於佛法的理解於是扁平狹隘與充滿衝突。對於唯識學派的介紹，常見於以其批判般若學之落入頑空與中觀學之落入詭辯，從而興起；然而，在經典當中，其實並不見這樣的衝突。般若學在空性方面的強調，是為了要開發般若空慧，以此空慧引導其他波羅蜜多前行，而非要落入虛無；如若墮入頑空，並非法或般若的問題，而是人在理解上的不精確或執念的問題。

唯識學中對於心意識的深刻觀察與修煉、轉變，絕非是為了要批判哪一學派所產生的，而是修行整套佛法的相互搭配，以及為超脫煩惱困苦而在法理上的必要修行。

即使佛法對於外道的觀念有所破斥，也不是為了要顯立自身的優越或要勝過他人，這些都是煩惱的根源。佛法唯一關心的，只有如何引導眾生脫離困苦，以及如何用最適合某個眾生的方式去引導。如能在這樣的精神下理解佛法的教導，相信會少去許多對立與矛盾。

參・玄奘大師的影響

今所記述，有異前聞。雖未極大千之疆，頗窮葱外之境，皆存實錄，匪敢彫華。謹具編裁，稱為《大唐西域記》，凡一十二卷，繕寫如別。望班之右筆，飾以左言；掩博物於晉臣，廣九丘於皇代。

玄奘法師西行取經，對佛教是舉足輕重的大事，大致可以從兩大方面予以討論。

對佛教的影響

其一，自然是帶回了梵文佛經原典，並大規模有系統地翻譯成漢文，讓中華的眾生有機會聽聞與閱讀大批且完整的佛經。其二，則是玄奘法師的傳承後來成為漢傳佛教當中的其中一宗——法相宗（唯識宗）。

一、佛法更完整傳入中國並提高僧侶的素質

前面曾經提及，如果以東漢為佛教傳入中國的年代開始算起，至隋唐時期，佛教傳入中國已經過六百年了。六百年的時間不算短，從一開始零星地傳入，到後來越來越多人信奉，逐漸繁榮昌盛。

然而，這當中曾經歷過兩次滅佛事件。一次是北魏太武帝太延四年開始（西元四三八年），當時勒令五十歲以下僧侶還俗、禁止私藏經書與信奉佛教等。第二次則是北周武帝建德年間（西元五七二至五七八年），一樣是佛經、佛像、佛寺大規模被毀壞，被勒令還俗的僧侶高達三百萬人。

經過兩次滅佛運動，中國留存的佛經變得殘缺片段，再加上早先傳入時的

經典本就零星且翻譯得參差不齊，導致能夠閱讀的經典以及能夠解答義理上紛爭的經文甚不齊全。這也是玄奘法師之所以決定要西行取經的原因。

因此，當玄奘法師完成西行取經之旅，帶回大批完整的經典，並且得到官方譯經場的大力幫助，再加上玄奘法師對翻譯經典的高瞻遠矚與孜孜不倦，才使得中國僧俗得以有大量完整且翻譯精良的佛經可以閱讀與學習。

在經典方面，影響最為深遠的當數《大般若波羅蜜多經》，這部經典的教學核心就是「般若波羅蜜多」。雖然不少經典都曾提及般若波羅蜜多，但《大般若經》是唯一一部專門以般若波羅蜜多為教學核心的經典。「般若波羅蜜多」何以如此重要呢？因為它是成就無上正等覺的修學道路上不可或缺的德目，如《大般若經．初會．成熟有情品》中所說：

佛告舍利子：「如是！如是！如汝所說。若菩薩摩訶薩不學般若波羅蜜多，終不能得所求無上正等菩提。」

玄奘法師將如此重要的經典帶回與翻譯，漢地才有幸可以學習如此重要的智慧之學。

在論典方面，影響後世深遠的包括玄奘法師最為看重的《瑜伽師地論》，以及多達兩百卷的部派佛教要典《阿毗達磨大毗婆沙論》；這兩部論典對於修行的次第以及心行細膩的整理與剖析，讓後世的修行者有更具體的實修依據。

玄奘法師自身的言教與身教，加上大規模嚴謹的譯經工程，也培養出一批高素質的學問僧。僧人的學識與修為高度，決定傳布之法要的精良程度；因此，能夠訓練出一批有素質的僧侶，也為漢傳佛教之後的發展奠定重要基礎。

二、形成後來的法相宗

經常與玄奘法師同時被提及的，便是漢傳佛教的「法相宗」，又名「唯識宗」或「慈恩宗」，被歸為漢傳佛教十宗之一。一般的說法把窺基法師列為法相宗的開宗祖師；因窺基法師所宣揚的法相宗是玄奘法師的直接傳承，所以玄奘法師被視為中國法相宗的始祖。

前面已說明過，法相宗專研在心意識活動各種細膩的樣態，以如此細膩的了解與覺知，從而了解煩惱困苦的成因，以方便捨離煩惱。主要以《解深密經》、《入愣伽經》等經典為依據，著重在「三界唯心、萬法唯識」的教導，理解世間現象「不過是心意識的變現」，故稱「唯識」；眾生所感受與思維的諸般對象，只是諸法變現之「相」，故又名「法相」。

由於「三界唯心、萬法唯識」，透過禪修觀察自心的各種煩惱執著，以及煩惱生起與止息的因緣，從而能夠逐漸捨離分別妄想，達到「轉識成智」，開發智慧而圓滿證悟。這大抵是唯識宗或法相宗的修行進路。

後來，傳承越來越多也越來越廣。從日本來的留學僧道昭法師，拜於玄奘門下，後來便將法相宗傳入日本。日本的法相宗傳承至今，流傳的程度甚至比在當代中國更加深遠，目前法相宗在中國幾乎已消失。而來自新羅的圓測法師，也將法相宗帶入朝鮮半島，亦傳承至今。

由於傳承的廣泛，就如前面論述過的，每個人理解程度不同，便在人事的層次逐漸分裂。法相宗從一開始就至少分裂兩邊，一邊是窺基傳承玄奘法師所主張的「新唯識」，也就是主張有些眾生沒有種姓即無法成佛，如「一闡提」（Icchāntika）；另一邊是圓測傳承自真諦論師所宗的「舊唯識」觀點，主張一切眾生皆可成佛。傳至後來，更多不同的看法分裂愈加細瑣。

法在世間流傳，受限於世間各種條件與社會人事因素參雜，難免需要許多妥協與協調以因應所處時代的需求；因此，在歷史社會層次追逐其演變與爭辯恐怕是無窮盡的。不妨回過頭來了解宗派的形成，並回到教法核心的意涵。

由於佛法在世間的流傳，在釋迦牟尼佛涅槃之後，便靠著弟子到各處行腳傳法，以如此的方式漸漸傳進中國；因此，人變成乘載法要的重要媒介之一。而所傳承的佛法，也就大大地取決於這位法師所學的以及所體會的。當傳播形式以此為主，很容易便形成以人為宗的情形。

特別是傳入中國之後，中國傳統特別尊師重道，對於老師的尊敬與報恩的觀念很重。當一位有能力、有德行的大師出現，所跟隨的弟子因為感於師恩浩蕩，通常會在師父過世之後將師父之教法奉為圭臬，絲毫不敢違背；因此，便容易出現各自宗其祖師教法的宗派佛教形式，而逐漸形成漢傳佛教十大宗派的局面。

所謂的「宗」，《說文解字》云：「尊祖廟也。」能看出在人事傳承的濃重色彩。然而，真正的佛法更是強調「依法不依人」。我們可以理解，法在現實的傳承上，弟子因情感上的羈絆而恪遵祖師教誨；透過後設地理解宗派局面的產生，我們也能同時理解到，佛法更全面的廣大樣貌，實則涵蓋每個宗派所強調的項目。

每個宗派所強調的部分，各自有其適合的對象或所因應的現況。例如，紀律過於潰散時，便需要特別強調戒律，而有「律宗」的出現；有些人適合修往生法門，與淨土特別相應，遂有「淨土宗」；特別重視禪修與領悟的，便有「禪宗」。而玄奘法師重視的心意識覺察之法門，自然也是非常重要的佛法修行內容之一。

「戒、定、慧」（持戒、修定、發慧）三學，是佛法當中要解脫或成佛缺一不可的項目；而往生淨土、往生人天善趣或者強調即生成佛等等，則是佛法因應不同情況的眾生所施設的不同道路。透過如此的後設理解，所謂的宗派之間，也就無決然的隔閡乃至高低或正宗與否。

再回到唯識的法要。「三界唯心」，意思是三界的現起是眾生心態主導活動的結果；而「萬法唯識」，則意指萬法的施設來自眾生的分別，識（vijñāna）

指的便是「分別式的認知」。眾生受限於感官裝備，執取於事物表象的模樣而分別之，再以此執取衍生後續諸多的推理與情緒反應，遂蔓延出無邊無際的煩惱困苦。

唯識的教導提醒我們，從向外的「所分別」的追逐，回歸到自心「能分別」的地方覺知、觀察。包括佛經裡的法施設，如五蘊、十二處、十八界等，也是順應著聽法者的分別而施設的。所以，這些法目的施設也不是要給眾生執取、抓住用的，而是藉由如此的施設幫助眾生修行，從動態的修行中借假修真，以「轉識成智」而開發出智慧。

「唯心」或「唯識」的意思，也不是要否定世界的存在，因為「有」與「無」也是眾生分別的執取；順著因緣變化觀察，便無所謂有與無的判定。如《雜阿含經．二六二經》云：

> 世人顛倒依於二邊，若有、若無，世人取諸境界，心便計著。迦旃延！若不

受、不取、不住、不計於我，此苦生時生、滅時滅。迦旃延！於此不疑、不惑、不由於他而能自知，是名正見，如來所說。所以者何？迦旃延！如實正觀世間集者，則不生世間無見，如實正觀世間滅，則不生世間有見。迦旃延！如來離於二邊，說於中道，所謂此有故彼有，此生故彼生……

唯識的教學，便是一直提醒眾生回歸到本心，不被外境所取。

如此追本溯源，相信玄奘法師當初千辛萬苦地從西天帶回經典，不是為了他自身在後世的名垂千古與歌頌功德，而是希望眾生有機會聽聞法要後，能了解自身的煩腦，覺察心意識的變化，不去追逐虛幻短暫組合出的世間變現，能把握生命歷程核心的心意識之流，從心意識入手覺察與轉化，從而真正脫離困苦的生死輪迴，開發出通透的智慧以及解脫，乃至「自度、度他」的本事。

對世界的影響

玄奘法師的貢獻，除了在佛法的傳播與傳承上不遺餘力，由於他千里西行到印度取經，並在印度停留了十餘年，深入印度以及西域中亞各國的文化；如此的旅行，也在無形間帶動了文化的交流。玄奘法師所留下的，不僅影響了中國，更影響了整個世界。

一、中國、西域、中亞與印度之間的文化交流

玄奘法師歸國，除了帶回佛經、佛像等法寶之外，也帶回了印度的五明（pañca-vidyā，包括內明、因明、醫方明、聲明、工巧明）。最大宗為「因明」學說，即邏輯學說，後來多融入在佛法當中；其他如「醫方明」、「內明」（佛

法）、「聲明」（語言、文字之學），也或多或少隨著玄奘法師帶入了中國。另外，還有天文、曆法、音韻等方面，也被引進了中國。在藝術方面，中亞、印度的建築與雕刻風格也隨之來華，為中國藝術增添了豐富多彩。

除了玄奘法師將印度、西域與中亞的文化傳入中國方面，玄奘法師的西行過程中，所到之處也發揮了不少影響，形成文化的輸出。除了在佛法的傳播上，也將大唐的文化帶至異邦，讓中亞、西域乃至印度認識與接觸到中原的文化。

而最具體的文化交流，當數試圖將《道德經》譯為梵文傳播到印度，是一個由官方組織的交流計畫。

根據西明寺釋氏所著的《集古今佛道論衡》中記載，玄奘法師歸國之後，貞觀二十一年，西域的使節李義表上奏太宗道，東印度有一位童子王（Klumra），聽說中國在佛法傳入之前，便有聖人（老子）說道流布，如果能將此聖人所說的道理傳到東印度，他一定會好好學習、信奉。

太宗聽到這樣的請求很高興，認為雙方這樣的互相交流甚好，投之以佛法、報之以道家。便讓通曉梵文的玄奘法師參與將《道德經》翻譯成梵文的工程，另外還派蔡晃、成英等三十多位道士一同參與這個浩大的計畫。

將印度梵文佛法翻譯成古漢文固然是一項挑戰，將古漢文的經典翻譯成梵文，其挑戰的難度恐怕是更上一層，有過之而無不及。因為，光是如何正確理解《道德經》的義涵，恐怕諸多道士們便很難取得共識，當中許多道士又主張要用佛法來格義地詮釋《道德經》的內涵。然而，玄奘法師並不同意這樣的翻譯方式，認為還是保留《道德經》的原意原貌會更好一些；畢竟，佛道雖然有相似之處，根本上卻還是不一樣的。

從現在的觀點來看，玄奘法師的思想是非常超前的；以格義、過度詮釋的方式來翻譯經典，難免添加過多翻譯者的主觀意見，而讓原文失去了樣貌。最好的翻譯工作，還是盡可能還原與貼近文本，給讀者乾淨的學習與體悟空間。

然而，在當時，玄奘法師一個人要面對諸多道士的意見，壓力著實不小；雖然頂住了壓力，但翻譯的過程終究並不十分順利。

有一說是，《道德經》翻譯成梵文的工作，因為無法達成共識而不了了之，並沒有完成；另一說是有完成翻譯，但沒有送到印度。有沒有確實將梵文《道德經》送到印度的紀錄是完全缺如了，所以至今我們依然無法知曉這件事的後續結果如何，似乎也沒有在後來的印度看見過《道德經》的流布。我們只能確定，這方面交流的努力是曾經有過的。

總的來說，玄奘法師西行留學印度十餘年，本身即帶給中亞諸國與印度認識中國文化的機會。而玄奘法師在留學十餘年間，亦與印度許多僧侶都成為良師益友，歸國後也持續透過使者往來通信，締造了彼此之間文化交流的契機與管道。

二、印度歷史地理人文之記錄

玄奘法師留下來的珍寶，除了大量嚴謹的漢譯佛經，另外一項當數當時應唐太宗要求而著的《大唐西域記》。

《大唐西域記》共十二卷，內容涵蓋西域、印度諸小國的地理交通位置、距離、地形地貌、歷史、氣候、物產、人文風俗、語言文字、刑法、教育、遺跡、傳說，以及當地的宗教狀況。大部分都是玄奘法師親歷的地方，有些沒有親自到達而是從當地人口裡聽聞的地方，也被玄奘法師記錄下來。

與中國重視歷史的傳統不同，印度傳統並不特別重視歷史紀錄，因此，玄奘法師所遺留下來的《大唐西域記》，成為當代國際上研究印度歷史的重要材料。當代對印度的考古，便是英國考古學家亞歷山大・康寧漢（Alexander Cunningham）依照《大唐西域記》的紀錄摸索，才發現考古出鹿野苑、古那爛陀寺和桑奇大塔等重要佛教的遺址。而唯一統一過印度的阿育王孔雀王朝，也是藉由《大唐西域記》的紀錄，我們現在才有幸了解它更多相關細節。

當代研究印度歷史的中外學者普遍承認，古代印度的歷史幾乎隱沒在一團迷霧中，只有神話和傳說，對歷史考證來說最重要的年代，幾乎都無從確定。若非《大唐西域記》中詳細的紀錄，印度古代的歷史將是一團黑暗。

另外，《大唐西域記》也是研究七世紀的中亞、西域與印度宗教、文化等的寶貴資料。透過《大唐西域記》，可以看到當時西域的諸小國生活的情形，以及各種宗教的消長與流布。玄奘法師留下的《大唐西域記》，在當代已經成為國際上珍貴的歷史考古資料。

綜觀以上各方面可知，玄奘法師以他驚人的勇氣、毅力和智慧，開啟並完成了難以想像的西天取經之行，當中所要克服的困難，包括極端環境、孤獨的恐懼、盜匪的侵逼、政治上的留難、語言上的挑戰與各種抉擇，每一項都不是容易的關卡。玄奘法師秉持著利益眾生的願力，底氣深長悠遠地貫徹他的一生，歸國後孜孜不倦地譯經與講經，直到過世前一個月才停筆。各個方面都無愧於「千秋萬古一聖僧」的讚譽。

玄奘法師一生傳奇的故事和事蹟，在時空中雋永，延續至今；我們也必會在持續的學習道路上，與法師的精神交會共進，延續至無盡的未來。

附錄

玄奘大師年譜

歲數——西元——帝號、年號

一歲　六〇二　隋文帝仁壽二年

出生。此時佛教傳入中國，已六百餘年。

十一歲　六一二　隋煬帝大業八年

開始讀誦《維摩經》與《法華經》。不與常兒嬉戲，總是專心致志讀書。

十三歲　六一四　隋煬帝大業十年

出家。於慧景法師處聽《涅槃經》，從嚴法師處學《攝大乘論》；通達經義，到了可以升座講經的程度。玄奘大師的名聲此時已經廣傳於僧俗二界。

二十一歲　六二二　唐高祖武德五年

受具足戒，正式成為比丘僧。

二十八歲　六二九　唐太宗貞觀三年

開始十七年的西行之旅。途經沙漠、高山各種惡劣的環境，親身經歷一百一十個國家，並在《大唐西域記》中記載了一三八個國家的山川、地理、物產、習俗等（其中二十八個為傳聞而來的紀錄，非親歷）。

三十一歲　六三二　唐太宗貞觀六年

抵達那爛陀寺，拜戒賢法師為師。

四十二歲　六四三　唐太宗貞觀十七年

啟程東歸。從今巴基斯坦北上—阿富汗—蔥嶺（天山山脈）—大流沙（塔克拉瑪干沙漠）—敦煌—瓜州（今甘肅安西縣東南）—長安

四十四歲　六四五　唐太宗貞觀十九年

回到長安。行程總計十七年：去程三年、在那爛陀寺修學五年、遊歷印度五年、曲女城無遮大會一年、歸程三年。

開始譯經。譯經歷時十九年，共譯經七十四部、一三三八卷。

六十三歲　六六四　唐高宗麟德元年

圓寂。

歿後一八一年　八四五　唐武宗會昌五年

會昌法難。拆寺四千六百餘所，強迫還俗僧尼二十六萬多人，廢寺內的佛像、法器，上繳到官府鑄成錢、農器等。

一九五五　民國四十四年

自日本慈恩寺迎回大師頂骨舍利，一九六五年供奉於臺灣日月潭玄奘寺。

一九九八　民國八十七年

自南京靈骨寺迎回大師頂骨舍利，供奉於新竹玄奘大學。

參考資料

《佛祖統紀》，收錄於《大正藏》第四九冊。
《大唐故三藏玄奘法師行狀》，收錄於《大正藏》第五〇冊。
《大唐大慈恩寺三藏法師傳》，收錄於《大正藏》第五〇冊。
《續高僧傳》，收錄於《大正藏》第五〇冊。
《宋高僧傳》，收錄於《大正藏》第五〇冊。
《釋迦方志》，收錄於《大正藏》第五一冊。
《集古今佛道論衡》，收錄於《大正藏》第五二冊。
《出三藏記集》，收錄於《大正藏》第五五冊。
《開元釋教錄》，收錄於《大正藏》第五五冊。
Richard Bernstein（著）、陳玲瓏（譯），《究竟之旅——與聖僧玄奘的千年對話》，臺北市：馬可孛羅文化。

Sally Hovey Wriggins（著）、杜默（譯），《玄奘絲路行（XuanZang: A Buddhist Pilgrim on the Silk Road）》，臺北市：智庫文化。

王文泉，〈初唐的道、佛之爭〉，《康寧學報》第九期（臺南市：康寧醫護），二〇〇七年四月，一三三至一六一頁。

田光烈（編著），《玄奘哲學研究》，上海：學林出版社，六至十一頁。

玄奘（原著）、芮傳明（譯注），《大唐西域記（上）、（下）》，臺北市：台灣古籍出版社。

石萬濤，〈玄奘譯經方法論〉，《慧炬》第九十六期，臺北市：慧炬出版社，一九七一年十二月。

世界文明史·世界風物誌聯合編輯小組（編譯），《印度文化圈》，臺北市：地球出版社。

李周淵，〈早期漢譯佛經的改譯現象：以支謙《太子瑞應本起經》改譯《中本起經》為例〉，《正觀》第一〇五期（南投：正觀出版社），二〇二〇一三年六月，五至七十五頁。
呂澂，《中國佛教人物與制度》，臺北市：彙文堂出版社。
季羨林等（校注），《大唐西域記校注》，北京市：中華書局。
侯坤宏，〈玄奘法師對中國佛教文化的影響〉，《臺北城市科技大學通識學報》第七期，九三至一二〇頁。
馮作民，《玄奘全傳》，臺北市：星光出版社。
黃運喜，〈玄奘的四川之行〉《玄奘佛學研究》第六期（新竹市：玄奘大學宗教與文化學系），二〇〇七年一月，二十七至四十四頁。
張曼濤（主編），《佛教人物史話》，臺北市：大乘文化出版社。
——《玄奘大師研究（上）》，臺北市：大乘文化出版社。
——《玄奘大師研究（下）》，臺北市：大乘文化出版社。
劉文軍，〈唐宋時代佛經譯場職司考〉《編譯論叢》第十四卷、第一期（臺北市：國家教育研究院），二〇二一年三月，一至十八頁。

劉欣如（編著），《唐玄奘留學記》，臺北市：大展出版社。
劉長慶，〈《佛說人本欲生經注》中的翻譯思想——釋道安「五失本」思想的萌芽〉，《編譯論叢》第十一卷、第一期（臺北市：國家教育研究院），二〇一八年三月，六十一至八十二頁。
蔡耀明，《般若波羅蜜多教學與嚴淨佛土：內在建構之道的佛教進路論文集》，南投：正觀出版社。
錢文忠，《玄奘西遊記》，臺北縣（新北市）：INK印刻出版公司。
韓廷傑，《唯識學概論》，臺北市：文津出版社。
魏崇新、陳洪，《窺基大師傳》，高雄市：佛光出版社。
釋光中（編），《大唐玄奘三藏傳史彙編》，臺北市：佛陀教育基金會。
——《千秋萬古一聖僧》，臺北市：大乘精舍印經會。

國家圖書館出版品預行編目（CIP）資料

玄奘大師：大乘之天／釋心傳、王美瑶編撰
臺北市：經典雜誌，慈濟傳播人文志業基金會，2025.01
432 面；15×21 公分—（高僧傳）
ISBN 978-626-7587-14-0（精裝）
1.CST:（唐）釋玄奘　2.CST: 佛教傳記
229.34　113020583

玄奘大師——大乘之天

創 辦 人／釋證嚴

編 撰 者／蔡耀明、王美瑶
主編暨責任編輯／賴志銘
行政編輯／涂慶鐘
美術指導／邱宇陞
插圖繪者／徐淑貞
美術編輯／蔡雅君
校對志工／林旭初

發行人．慈濟人文志業執行長／王端正
合心精進長／姚仁祿
主 責 長／王志宏

出 版 者／經典雜誌
慈濟傳播人文志業基金會
112019臺北市北投區立德路2號
客服專線／（02）28989000 分機1165、2145
傳真專線／（02）28989993
劃撥帳號／19924552 戶名／經典雜誌
印 製／新豪華製版印刷股份有限公司
經 銷 商／聯合發行股份有限公司
231028新北市新店區寶橋路235巷6弄6號2樓
（02）29178022
出版日期／2025年1月初版一刷
定 價／新臺幣450元